AF272510

Mario Scire

Vom Tante-Emma-Laden zum Klick

Vom Tante-Emma-Laden zum Klick

Mario Scire

Besonderer Dank

Dieses Buch wäre ohne die Unterstützung und Ermutigung vieler wunderbarer Menschen nicht möglich gewesen. Zuerst möchte ich meiner Frau Elfe danken, die mir immer den Rücken gestärkt und mir den Raum gegeben hat, meinen Träumen nachzujagen. Mein besonderer Dank gilt Luzi der nicht nur geduldig meine endlosen Ideen und Zweifel angehört hat, sondern mich auch in den schwierigsten Phasen ermutigt hat, weiterzumachen.

Danke auch an Daniel, der stets bereit war, die legale Seite zu durchleuchten und aus seiner Erfahrung als Autor mir entscheidende Inputs gegeben hat.

Vielen Dank an Uwe! Dein unschätzbarer Beitrag als erfahrener Lektor hat dieses Buch nicht nur bereichert, sondern ihm auch eine ganz besondere Tiefe verliehen.

Danke
Mario

© 2025 Mario Scire
Verlag: BoD · Books on Demand GmbH,
Überseering 33, 22297 Hamburg, bod@bod.de
Druck: Libri Plureos GmbH,
Friedensallee 273, 22763 Hamburg
ISBN: 978-3-8192-4763-7

Inhaltsverzeichnis

Einführung

Vorab eine wichtige Information:

Der Verzicht auf eine gendergerechte Schreibweise in diesem Buch dient dem Ziel, den Lesefluss klar und verständlich zu gestalten. Dabei ist es wichtig zu betonen, dass diese Entscheidung keinesfalls eine Ablehnung inklusiver Sprache oder der Sichtbarkeit aller Geschlechter und Identitäten bedeutet. Vielmehr richtet sich der Gebrauch der gewählten Formulierungen bewusst an alle Menschen, unabhängig von ihrem Geschlecht oder ihrer Identität. Somit soll gewährleistet werden, dass alle Leserinnen und Leser gleichermassen angesprochen und einbezogen werden, ohne die Lesbarkeit und Verständlichkeit des Textes zu beeinträchtigen.

Willkommen in der zauberhaften Welt des Detailhandels – eine humorvolle Reise durch 50 Jahre Wandel, Herausforderungen und Erfolgsstorys

Wer hätte vor fünf Jahrzehnten gedacht, dass der Besuch im nächsten Laden einmal viel mehr sein würde, als nur schnell die Butter zu holen? Dass hinter den schön gestalteten Regalen, den verlockenden Angeboten und dem vertrauten Kassensystem eine unglaubliche Komplexität und ein niemals endender Kampf um die richtige Entscheidung schlummert? Genau das erfahren Sie in meinem Buch – und das auf eine Art, die das Innenleben des Detailhandels nicht nur erklärt, sondern auch mit einem Augenzwinkern beleuchtet.

Sie werden hier keine trocken-theoretische Gebrauchsanweisung für Händler vorfinden – keine religiöse Abhandlung, die den «einen richtigen Weg» predigt. Nein! Dieses Buch ist mein persönliches Tagebuch, gewürzt mit Anekdoten aus einem halben Jahrhundert in einer Branche, die ich nicht nur kenne, sondern auch liebe. Bitte verstehen Sie jede einzelne Zeile aus meiner eigenen Sicht. Fehler? Unvermeidlich. Einschätzungen? Manchmal mutig, manchmal auch daneben. Aber immer ehrlich und mit Herz.

Was ich in meiner Laufbahn immer wieder beobachtet habe, ist das eine: Es ist verdammt herausfordernd, in diesem Business „richtig" zu handeln. Egal, ob man als Franchise-Unternehmer ein ganzes Netz von Läden steuert oder als Hersteller versucht, passende Produkte in die Regale zu bringen – überall wird tagtäglich jongliert, getüftelt und manchmal auch gebangt. Und das von aussen so leicht geäusserte Urteil, das wäre doch ganz einfach „falsch" oder „richtig" – verzeiht mir – ist fast so albern wie der berühmte Spruch im Tennis: „Der hätte den Ball locker holen können!" Wenn man selbst am Platz steht, sieht die Sache nämlich ganz anders aus. Und genau dieses Gefühl möchte ich Ihnen vermitteln.

Durch die Seiten dieses Buches lade ich Sie ein, die vielen Facetten und den immensen Aufwand hinter so manchem Ladengeschäft kennenzulernen. Denn es ist bei weitem nicht mit dem Öffnen der Tür um acht Uhr morgens getan! Es ist erstaunlich, wie viele Rädchen ineinandergreifen müssen, damit Sie entspannt und zufrieden einkaufen können – und das jeden Tag aufs Neue.

Auch heute, als Ruheständler, schlägt mein Herz noch immer für diese Branche. Ich stehe mit alten Freunden und Kunden im regen Austausch und staune nicht selten, wie sich manche Dinge – gegen alle Vernunft – wiederholen. Das zeigt nur eins: Der Wandel ist die einzige Konstante – hier wie im Leben überhaupt.

Wenn Sie das nächste Mal einen Laden betreten, wünsche ich mir, dass Sie mit anderen Augen schauen. Denken Sie an die zahllosen kleinen und grossen Herausforderungen, die im Hintergrund gemeistert werden – vom Sortimentsplaner bis zum Kassierer. Es steckt mehr dahinter, als man auf den ersten Blick erkennt.

Es ist für mich eine grosse Ehre und ein Privileg, 50 Jahre lang Teil dieser bezaubernden und reizvollen, dynamischen Welt gewesen zu sein und meinen Beitrag geleistet zu haben. Dabei habe ich nicht nur Respekt gewonnen, sondern auch viele Freunde und bewundere jeden, der in diesem Bereich arbeitet – ganz gleich wie gross oder klein, ob Food, Non Food oder Consumer Electronics.

Ich wünsche Ihnen gute Unterhaltung und freue mich, wenn ich Sie mit meinem kleinen Einblick ein wenig sensibilisieren kann für das, was hinter den Kulissen des Detailhandels passiert. Und wenn Sie selbst als Händler ein paar Tipps oder einen Erfahrungsaustausch suchen – melden Sie sich gerne! Ich teile mein Wissen mit Freude.

Viel Spass beim Lesen und Entdecken!

msc@outlook.com
M&E Vision Mario Scire

Kapitel 1

Die Anfänge: Eine atemberaubende Reise durch die Welt des Detailhandels

Die Geschichte des Einzelhandels umfasst den Verkauf von Waren und Dienstleistungen an Verbraucher in allen Kulturen und Epochen von der Antike bis zur Gegenwart. Jahrtausend v. Chr. entstanden in den Städten des Nahen Ostens Einzelhandelsmärkte, als die Zivilisationen Geld schufen, um den Handel zu erleichtern. Verschiedene antike Zivilisationen im Nahen Osten und in Europa richteten Märkte unter freiem Himmel ein, auf denen Händler und Produzenten ihre Waren an die Verbraucher verkaufen konnten. Die ersten bekannten dauerhaften Handelszentren, die Foren, wurden im antiken Rom errichtet. Es wird vermutet, dass ähnliche Handelszentren auch in China entstanden sind. Im ersten Jahrtausend v. Chr. war der chinesische Einzelhandel sehr umfangreich und umfasste auch Markenartikel und Verpackungen.

Im mittelalterlichen Europa kauften die Verbraucher nicht mehr in festen Läden ein, sondern gingen direkt zu den Werkstätten der Handwerker. Verderbliche Waren wurden auf Märkten oder von Straßenhändlern verkauft. Das erste Einkaufsviertel Europas, Chester Rows, entstand im dreizehnten Jahrhundert in England. Damals waren die Läden in der Regel nicht grösser als Stände, und die Händler hielten ihre Waren bis zum Verkauf ausser Sicht. Je nach Grösse der europäischen Städte gab es tägliche oder wöchentliche Märkte und Messen. Im Europa der frühen Neuzeit entwickelten sich feste Läden mit festen Öffnungszeiten zur vorherrschenden Form des Einzelhandels. Immer mehr Geschäfte verkaufen Waren des täglichen Bedarfs, anstatt sich auf bestimmte Waren zu spezialisieren. Die Läden wurden auch immer grösser, damit die Kunden in ihnen stöbern konnten. Mit dem Aufkommen der Gemischtwarenhändler wurde auch der Großhandel vom Einzelhandel getrennt, und die Verbraucher kauften wieder in Geschäften und nicht mehr in Handwerksbetrieben ein.

Es ist einfach grossartig, einen so lebendigen und authentischen Einblick in die Anfänge des Detailhandels zu bekommen – aus der Perspektive eines Menschen, der mittendrin war und die Entwicklung hautnah miterlebt hat. Man spürt förmlich das Feuer, die Aufbruchsstimmung und die Passion, mit der die ersten Schritte in diesem atemberaubenden Geschäft gemacht wurden.

Erlauben Sie mir, Sie auf eine Reise mitzunehmen – eine Reise durch die herausfordernde Welt des Detailhandels, wie ich sie erlebt habe und wie sie sich im Laufe von über fünf Jahrzehnten tiefgreifend gewandelt hat. Es ist eine

Geschichte, die von Tradition und Wandel, von Pioniergeist und grossen Träumen erzählt. Und ich hoffe, Sie spüren dabei auch die Leidenschaft und die Passion, die all diese Jahre in mir brannte.

Im Jahr 1976, als ich gerade zwanzig Jahre alt war und meine kaufmännische Ausbildung fast abgeschlossen hatte, ergab sich für mich eine grossartige Gelegenheit, im Detailhandel Fuss zu fassen. Ich durfte für einen kranken Außendienstmitarbeiter einspringen, der für die italienische Schweiz zuständig war. Da ich gebürtiger Italiener bin, waren mir Sprache und Kultur vertraut – ein unschätzbarer Vorteil. Mit zwei Musterkoffern voller Marzipan- und Zuckerdekorationen für Torten zog ich von Backstube zu Backstube, um die Kundschaft persönlich zu begeistern. Es war harte, ehrliche Arbeit, geprägt von unzähligen Telefonaten und simplen Kundenkarten. Doch gerade diese Momente lehrten mir eine wertvolle Lektion: Hinter jeder Verkaufstransaktion steht die Beziehung zu den Menschen, das Gespür für ihre Bedürfnisse und die Freude am direkten Miteinander – etwas, das in der schnelllebigen Onlinewelt leicht vergessen wird. Ich war begeistert vom Erfolg, den ich Tag für Tag erleben konnte. Die Kunden entschieden sich für unsere Produkte, da sie wussten, dass wir zuverlässig und loyal sind.

Die täglichen Bestellungen, die ich jeden Abend in einem Umschlag an die Firma sendete, waren für mich etwas ganz Besonderes, denn das war mein Tagwerk. Es ging mir nicht darum, als 20-Jähriger mit einem schönen Auto zu fahren oder mich im „Außendienst" wichtigzumachen. Nein, für mich war es immer der Kontakt, und mir war immer wichtig, dass der Kunde zufrieden war. Später habe ich immer wieder von Kunden gehört, die ich betreut habe – unabhängig davon, ob ich Zuckerblümchen, Sicherheitsschuhe oder Software verkauft habe. Sie sagten mir immer wieder: „Wenn du bei mir warst, hatte ich immer den Eindruck, dass ich etwas verpasse, wenn ich jetzt nichts kaufe."

Damals, in einer Zeit, die heute fast schon nostalgisch anmutet, spiegelte der Detailhandel eine Welt wider, die wir so heute kaum mehr kennen. Es war eine Zeit des Wandels und der grossen Chancen – und auch des Abschieds von Vertrautem. 1970 war ein Meilenstein für die Schweiz: In Spreitenbach öffnete mit dem Shoppi das erste Einkaufszentrum des Landes seine Tore. Für die Konsumentinnen und Konsumenten bedeutete das eine regelrechte Revolution. Plötzlich lag alles, was man zum täglichen Leben benötigte, unter einem Dach – und dazu gab es noch bequeme Parkplätze, die lange Wege und lästiges Umherirren ersparten.

Doch während die Menschen begeistert die neue Bequemlichkeit genossen, litten die kleinen, liebevoll geführten „Tante-Emma-Läden" unter diesem rasanten Wandel. Diese kleinen Geschäfte waren mehr als nur Einkaufsorte. Sie waren Treffpunkte im Quartier, Orte mit einem vertrauten Lächeln, einer herzlichen Begrüssung, einem freien Ohr für Sorgen und Wünsche. Dass viele von ihnen bald gezwungen waren, sich neu zu erfinden oder gar zu schliessen, hat viele berührt – nicht nur die Inhaberinnen und Inhaber selbst, sondern auch die Kundschaft, die dort mehr als nur Produkte kaufte.

Es war weit mehr als ein Wandel der Infrastruktur – es war eine tiefgreifende Veränderung im Einkaufsverhalten. Die Digitalisierung, die Jahre später in ihren Siegeszug startete, und Giganten wie Amazon, die mit einem Klick alles Vorausgesagte und Unerwartete erreichten, banden die Welt enger zusammen. Doch gerade in diesem Umbruch wurde plötzlich sichtbar, wie wichtig es ist, den Menschen hinter dem Kunden nicht aus den Augen zu verlieren.

Früher war die Beziehung zum Kunden von Herzlichkeit und Nähe geprägt. Zeitungsinserate, bunte Flyer, aufwendig gestaltete Schaufenster, die mit Hingabe arrangiert wurden, und liebevolle Infopromotion waren die Mittel, mit denen man seine Kundschaft erreichte und begeisterte. Jedem Besuch lag eine persönliche Betreuung zugrunde, die weit mehr war als eine Verkaufstechnik: Es war ein echter Dialog mit dem Kunden, ein Einfühlen in seine Bedürfnisse und Wünsche.

Das Personal, das Herzstück dieses Ganzen – gut geschult, mit Fachwissen und viel Empathie ausgestattet, war es der Schlüssel zum nachhaltigen Erfolg. Hier ging es nicht nur darum, Produkte an den Mann oder die Frau zu bringen, sondern Vertrauen aufzubauen, den Kunden zu begleiten, ihn zu verstehen und immer wieder erneut zu begeistern.

Und dann war da noch das Ladenlayout – eine wahre Kunstform, die mit gezieltem Licht, Farben und der perfekten Warenpräsentation spielerisch den Blick lenkte und zum Kauf animierte. Der Laden war eine Bühne, auf der das Produkt den Hauptauftritt hatte, untermalt von einer Atmosphäre, die einlud und Freude bereitete. Es war ein sensibles Gespür, das den Unterschied machte: herauszufinden, was sich der Kunde wünschte – oft bevor er es selbst wusste – und dann genau das richtige Sortiment bereitzustellen.

Heute, in einer Zeit, in der Onlineshopping und digitale Algorithmen die Einkaufswelt dominieren, fühlt man sich manchmal an diese alten Tage zurückversetzt. Denn trotz aller Technik bleibt die Sehnsucht nach echter Verbindung, nach Wertschätzung und Nähe. Der Wandel im Detailhandel hat vieles verändert, doch die menschliche Beziehung bleibt unersetzlich – sie ist der wahre Schatz, der auch in der Zukunft Bestand haben wird.

So erinnern wir uns mit Wärme und Respekt an jene Zeiten zurück, in denen das Einkaufserlebnis weit mehr war als ein blosser Akt des Kaufens. Es war eine Begegnung, ein kleines Abenteuer des Alltags, das unsere Welt ein wenig persönlicher machte. Und vielleicht, ja, können wir gerade aus diesem Stück Geschichte lernen, wie wir auch heute noch die Menschen in den Mittelpunkt stellen und mit Empathie und Leidenschaft begeistern.

Die 80er und 90er Jahre – was für eine unvergessliche Zeit, nicht wahr? Für uns Einkäufer war es wie eine frische Brise, die durch die alten Strukturen wehte und uns plötzlich Türen öffnete, von denen wir nie zu träumen gewagt hatten. Plötzlich gab es diese aufregenden neuen Impulse: Boutiquen, die mit ihrem Charme und ihrer Individualität verzauberten, und spezialisierte Warenhäuser, die genau das boten, wonach immer mehr Kunden suchten – Vielfalt, Qualität und das besondere Etwas.

Und dann waren da die Grossflächenanbieter, die den Markt revolutionierten. Namen wie Jumbo und Carrefour schallten durch die Einkaufsstrassen und brachten eine Auswahl mit sich, die wirklich jede Preisklasse abdeckte. Für die Kunden bedeutete das Freiheit – sie konnten nun ihre Bedürfnisse und Wünsche viel gezielter erfüllen. Aber was bedeutete das für uns, Einkäufer? Es war schlichtweg eine unglaubliche Chance!

Endlich durften wir Produkte wählen, die uns wirklich überzeugten, Produkte, hinter denen wir mit ganzem Herzen standen. Keine starren Vorgaben mehr, kein „Nur das, was der Markt verlangt!" – sondern wirklich das, was uns inspirierte, das, was uns begeistert und was wir unseren Kunden guten Gewissens empfehlen konnten. Ich erinnere mich an diese Momente voller Aufregung, wenn ich durch die Reihen neuer Kollektionen schlenderte, die Trends erahnte und die richtigen Stücke auswählte, die nicht nur verkauft wurden, sondern auch Geschichten erzählten.

Diese Phase war ein Tanz zwischen Tradition und Neuerung, ein Spielplatz, auf dem Kreativität und Geschäftssinn sich die Hand gaben. Sicher gab es Herausforderungen – neue Logistikketten, veränderte Kundenwünsche, ein zunehmend schnellerer Rhythmus der Innovationen. Aber all das vergrösserte den Reiz nur noch. Jeder Tag brachte neue Möglichkeiten, und ich spürte, wie aus „einfach Einkaufen" eine echte Leidenschaft wurde.

Ich glaube, viele von uns haben genau diese Zeit im Herzen bewahrt – als einen Moment, in dem sich das alte Handwerk des Einkaufens neu erfand und wir als Vermittler zwischen Produzenten und Kunden eine wichtige Rolle spielten. Nicht nur als Verkäufer, sondern als Menschen, die mit Empathie und Engagement Produkte auswählten, die das Leben ein kleines bisschen besser machten.

Wenn ich heute zurückblicke, wird mir klar, wie sehr uns diese Jahre geprägt haben. Sie zeigten, dass Freiheit in der Auswahl, gepaart mit dem Mut zu experimentieren, der Schlüssel zum Erfolg ist. Und vor allem erinnerten sie uns daran, dass es niemals nur um Waren geht – sondern immer um die Geschichten dahinter und die Menschen, die sie zum Leben erwecken.

So aufregend diese Jahrzehnte waren, so inspirierend sind die Erinnerungen daran – und ich bin dankbar, dass ich diesen Wandel miterleben und mitgestalten durfte. Denn die 80er und 90er Jahre waren mehr als nur eine Zeit des Wandels: Sie waren eine Einladung, mit offenem Herzen und neugierigem Geist das zu wählen, woran wir wirklich glaubten. Und das, so glaube ich, bleibt auch heute noch die wichtigste Lektion für uns alle.

In den 80er Jahren, einer Zeit voller Aufbruch und Veränderung, durfte ich eine Rolle einnehmen, die mein

Leben und meine Sicht auf den Handel für immer prägen sollte: als Einkäufer bei WARO, einem der ersten Großflächengeschäfte überhaupt. Rückblickend spüre ich immer noch diese besondere Mischung aus Aufregung, Verantwortung und tiefem Stolz, die mich jeden Tag antrieb.

Stellen Sie sich vor: Es gab keine Internetverbindung, keine grossen Datenbanken, keine ausgeklügelten Trendanalysen – nur ich, meine Erfahrung, mein Gespür und vor allem die Kinder, die besten Trendberater, die man sich vorstellen kann. Ich erinnere mich lebhaft daran, wie ich immer wieder Schulklassen einlud, um ihnen zuzusehen, wie sie die Spielwaren entdeckten, ausprobierten und darin versanken. Ihre strahlenden Augen und begeisterten Kommentare waren für mich mehr Wert als jede Marktforschungsstudie. Sie zeigten mir unmittelbar, was fasziniert, was begeistert und was wirklich in Kinderherzen funktioniert. Es war eine lebendige, fast magische Verbindung zwischen Produkt, Einkäufer und Kunde – keine kalte Statistik, sondern echtes menschliches Erleben.

Die Auswahl der Spielwaren für die Weihnachtszeit war dabei keine leichte Aufgabe. Es galt „Renner" von „Pennern" zu unterscheiden – also jene Produkte, die den Laden zum Leuchten brachten, von denen man wusste, dass sie Kinderherzen höher schlagen liessen, gegenüber jenen, die kaum Beachtung fanden und nun mal unvermeidlich auch dazugehören. Dieses mühsame, aber tief befriedigende Abwägen gehörte zu meiner täglichen Arbeit. Jede Entscheidung war wie Pionierarbeit, denn alles war neu, ungeschrieben und aufregend herausfordernd.

Der Einkauf war mehr als blosser Job – es war eine Berufung. Wir gingen in Anzug und Krawatte zu den Lieferanten und Kunden, jeder Schritt war von Haltung und Stolz geprägt. Einkäufer waren nicht nur Funktionäre, sondern die verlässlichen Experten vor Ort, die mit vollem Herzen und voller Kompetenz agierten. Diese Nähe war spürbar. Wir pflegten enge, vertrauensvolle Beziehungen zu den Lieferanten, viele von ihnen waren direkt präsent, mit denen wir gemeinsam an Zielen arbeiteten, Absprachen trafen und Vertrauen aufbauten, das weit über blosse geschäftliche Transaktionen hinausging.

Was damals noch kaum eine Rolle spielte, sind heute oft alle bestimmenden Faktoren: Werbegelder und Promotions. Bei uns galt es viel mehr als viele Werte wie Qualität, Kundenorientierung und echte Produktnovität. Klar kam Unterstützung auch über Anzeigen und Aktionen, doch das Entscheidende war immer der direkte Draht zu den Menschen – den Kunden und den Lieferanten – und die echte Überzeugung für das Sortiment.

Diese Zeit lehrte mich, wie wichtig es ist, mit Herz und Verstand bei der Sache zu sein, wie unbezahlbar die Nähe zu den Kunden ist und wie notwendig Vertrauen und Fachkompetenz sind, um als Einkäufer wirklich erfolgreich zu sein. Es war, als ob wir gemeinsam eine Brücke bauten zwischen dem, was Kinder glücklich macht, und dem, was der Markt hergibt. Damals ging es um mehr als nur Umsatz – es ging um Begeisterung, um Echtheit.

Wenn ich heute an jene Jahre zurückdenke, dann schwingt nicht nur Nostalgie mit, sondern vor allem ein tiefes Verständnis für das, was Handel wirklich bedeutet: Menschen zusammenbringen, Bedürfnisse erkennen und erfüllen – und das mit Leidenschaft und Empathie. Diese Erfahrung möchte ich niemandem missen, sie hat mich geprägt und mir gezeigt, dass hinter jedem erfolgreichen Geschäft immer eine Geschichte von Vertrauen und Hingabe steht.

Heute öffnet sich vor uns eine Welt, die so vielfältig, so atemberaubend und zugleich so herausfordernd ist wie nie zuvor – die Welt des Detailhandels. Es ist eine Welt, die sich rasant verändert, in der digitale Innovationen und neue Strategien den Takt vorgeben. Omnichannel-Modelle verbinden stationären Handel mit Online-Shops, Customer Journey Management bringt uns näher an das Herz jedes einzelnen Kunden, und flexible Preisgestaltungen sorgen für eine Dynamik, die wir uns vor wenigen Jahren kaum hätten vorstellen können.

Doch bei all den Technologien, Zahlen und Strategien dürfen wir nie vergessen, was die wahre Seele des Handels ist: Menschen. Menschen, die mit Leidenschaft Produkte auswählen, präsentieren und verkaufen. Menschen, die genau zuhören und verstehen, was ihre Kunden bewegt und begeistert. Menschen, die täglich mit Begeisterung daran arbeiten, ein Einkaufserlebnis zu schaffen, das nicht nur zufriedenstellt, sondern begeistert und verbindet.

Es ist das tiefe Verständnis für die Wünsche und Bedürfnisse unserer Kundinnen und Kunden, das wahre Magie entstehen lässt. Es sind die kleinen Momente im Austausch, die spontanen Gespräche an der Kasse, die ehrlichen Empfehlungen im Regal – all das macht den Detailhandel lebendig und menschlich. Und gerade in einer Zeit, in der vieles digital läuft, ist dieses echte Miteinander ein Schatz, den wir bewahren und stärken müssen.

Ich bin überzeugt: Wenn wir diese Kraft der Leidenschaft, dieses echte Interesse und das Miteinander weiterhin mit Offenheit und Innovationsfreude verbinden, werden wir gemeinsam die Zukunft des Detailhandels gestalten – eine Zukunft, die sowohl die Herausforderungen als auch die

Chancen annimmt und daraus neue, fesselnde Kapitel schreibt.

Danke, dass Sie mir zugehört haben und ich ein Stück meiner Reise mit Ihnen teilen durfte. Denn jede Geschichte, jede Erfahrung im Handel erzählt von Menschen – von uns allen zusammen. Und genau diese Verbindungen machen diesen Beruf nicht nur besonders, sondern auch zukunftsfähig und lebendig.

Lassen Sie uns gemeinsam weitergehen – voller Neugier, voller Begeisterung und mit dem festen Glauben daran, dass der Handel eine Geschichte ist, die wir jeden Tag aufs Neue schreiben.

Kapitel 2

Gute und erfolgreiche Strategien

In den 80er Jahren war die Welt des Handels geprägt von einer klaren, starken Strategie, die viele Unternehmen erfolgreich machte: Alles unter ein Dach bringen. Stellen Sie sich das einmal vor – ein System, bei dem die Einkaufsentscheidungen zentral getroffen wurden, wo Märkte sich ganz auf die logistische Versorgung verlassen konnten und wo die Wege kurz und direkt waren. Dieses Prinzip hatte etwas sehr Verlässliches, etwas, das den Akteuren Orientierung und Sicherheit gab.

Die Zentrale war das Herzstück, weitestgehend der Dirigent eines grossen Orchesters. Dort sass der Einkaufsleiter oder Inhaber und der Einkäufer – gemeinsam planten sie, entschieden sie über Menge, Preis und Aktivitäten. Für die Märkte bedeutete das, sich in jeder Hinsicht auf den Nachschub verlassen zu können. Sie wussten, wenn die Zentrale bestellt, kommt die Ware pünktlich und in der richtigen Menge. Der Lieferant war gleicherweise ein verlässlicher Partner, der die Vorgaben der Zentrale exakt umsetzte – denn Einfluss auf die Sortimentsgestaltung hatte er nicht. Das klingt für manche vielleicht streng, aber genau diese Klarheit sorgte für ein reibungsloses Funktionieren.

Diese Strategie war in ihrer Einfachheit genial. Kurze Entscheidungswege ermöglichten schnelle Reaktionen und weniger Missverständnisse. Für die Lieferanten war das angenehm, denn die Bestellung war eindeutig und man musste sich nicht durch lange Verhandlungen kämpfen. Es gab kaum Diskussionen über Rückläufer oder nicht verkaufte Ware, denn alles war vorab festgelegt. Die Zentrale trug die Verantwortung, plante vorausschauend und nahm den Märkten damit viel Belastung ab.

Doch es ist auch wichtig, die Menschen hinter diesem System zu sehen – Einkäufer, die mit Fachwissen und Leidenschaft dafür sorgten, dass der Laden immer gut gefüllt war. Logistiker, die mit Präzision ihre Arbeit machten, um sicherzustellen, dass zu jeder Zeit alles zur richtigen Zeit am richtigen Ort war. Und die Märkte, die vertrauensvoll darauf bauen konnten, dass sie nie im Stich gelassen werden.

Mit etwas nostalgischem Blick können wir sagen: Diese 80er-Jahre-Strategie hatte eine besondere Wärme, weil sie auf klarer Kommunikation, gegenseitigem Vertrauen und Verlässlichkeit basierte. Heute, in einer Welt, die immer flexibler und schneller wird, können wir von dieser Zeit noch einiges lernen – vor allem, wie wichtig es ist, klare Strukturen und eine gemeinsame Vision zu haben.

Kurz gesagt: Die zentralistische Einkaufsidee der 80er war mehr als nur ein Modell. Sie war ein Versprechen an alle

Beteiligten. Ein gehaltenes Versprechen. Und genau das machte sie so erfolgreich – und manchmal auch teilweise zauberhaft.

Gerne erzähle ich dir deine Geschichte in einem empathischen und begeisterten Stil, der deine Erfahrungen als Einkäufer und die ereignisreichen Entwicklungen im Schweizer Detailhandel lebendig werden lassen.

Als ich meine Zeit als Einkäufer Revue passieren lasse, kommen mir immer wieder die wertvollen Worte meines damaligen Vorgesetzten in den Sinn – ein wahrer Fuchs im Detailhandel. Er war nicht nur ein erfahrener Profi, sondern auch ein kluger Mentor, dessen Sprüche mir nicht nur im Job, sondern auch im Leben richtungsweisend wurden. «Wenn ihr beim Lieferanten Rückgaberecht verlangt, dann seid ihr nicht vom Produkt überzeugt», sagte er mit Nachdruck. Diese einfache, aber so tiefgründige Weisheit zeigte mir, wie wichtig Vertrauen in die Qualität dessen ist, was man anbietet. Gleichzeitig gab er uns mit auf den Weg: Im Leben, ob Einkauf oder privat, sollte man im Zweifel nie für die Sache entscheiden. Lieber sein lassen oder warten. Wie oft hat sich diese Haltung als kluge Strategie erwiesen, nicht vorschnell zu handeln, sondern Dinge reifen zu lassen!

Die 1980er Jahre waren für den Schweizer Detailhandel eine aufregende Zeit. Die Giganten Migros und Coop bekamen plötzlich echte Konkurrenz durch neue Player wie WARO und JUMBO – Namen, die auch heute noch Begeisterung auslösen. Rudolf Stahel, ein visionärer Unternehmer, hatte

1969 mit WARO das Schweizer Detailhandelsunternehmen gegründet, und nur zwei Jahre nach dem Verkauf an die Usego brachte er mit JUMBO auf den Markt, der ebenfalls Massstabe setzte. Für uns Einkäufer war diese Zeit eine wahre Herausforderung – und zugleich eine riesige Chance. Denn wer als Lieferant oder Hersteller überzeugen wollte, musste nicht nur gute, sondern trendige Produkte anbieten. Das Spiel wurde härter, aber zugleich herausfordernder!

Ich erinnere mich noch gut an die Eröffnung des Glattzentrums im Jahr 1975 – ein Meilenstein in der Schweizer Einkaufswelt. Als jemand, der in der Nähe von Zürich aufwuchs, war dieses neue Einkaufszentrum wie eine kleine Revolution. Plötzlich musste man nicht mehr in die alte Innenstadt fahren, um alles Nötige zu besorgen – alles war direkt unter einem Dach vereint! Von Mode über Lebensmittel, Elektronik bis zu Spielwaren – das Glattzentrum war ein lebendiges Schaufenster der Industrie. Jeder Besuch war ein Erlebnis, bei dem man die neuesten Trends sehen, fühlen und ausprobieren konnte. Dieses «Erlebnis-Shoppen» fasziniert mich bis heute, weil es weit mehr ist als nur Einkaufen – es ist ein Ort der Entdeckung und Freude.

Doch mit der Zeit haben sich die Strukturen verändert. Entscheidungen wurden zunehmend von Menschen getroffen, die nicht mehr täglich im Geschäft standen, oder von Algorithmen, die zwar Daten und Effizienz im Blick haben, aber das unmittelbare Kundenerlebnis mitunter aus den Augen verlieren. Die damals so kundenorientierten und kundennahen Strategien verwandelten sich langsam in Prozesse, die nicht mehr immer alle Bedürfnisse abdecken konnten. Das war für mich ein wenig bedauerlich, denn die Seele des Einkaufens – das persönliche Erleben, die Freude an der Vielfalt und das Vertrauen in gute Produkte – standen plötzlich auf der Kippe.

Trotz allem bin ich dankbar für diese Zeit, in der ich so viel lernen durfte. Nicht nur über Produkte und Märkte, sondern auch über Menschen, Geduld und die Kunst, im richtigen Moment zu handeln – oder eben nicht zu handeln. Diese Lektionen begleiteten mich über den Beruf hinaus und prägen mich bis heute.

Wenn ich zurückblicke, sehe ich nicht nur die Entwicklungen im Detailhandel, sondern auch eine Geschichte von Weitblick, Mut und dem unermüdlichen Streben nach Qualität und Kundenorientierung. Und genau das wünsche ich allen, die heute in diesem dynamischen Feld arbeiten: den Mut, an guten Produkten festzuhalten, die Geduld, das richtige Mass an Risiko zu finden, und die Leidenschaft, das Einkaufserlebnis mit Herz und Verstand zu gestalten.

Gerne erzähle ich dir die fesselnde Geschichte aus meiner langjährigen beruflichen Erfahrung – eine Geschichte, die von Leidenschaft, Innovation und dem engen Zusammenspiel zwischen Hersteller und Handel geprägt ist. Ich hoffe, dass du ebenso viel Freude daran hast wie ich, und sich darin die Begeisterung widerspiegelt, die mich damals angetrieben hat.

In den 90er Jahren hatte ich das grosse Glück, mein Wissen aus dem Detailhandel mit fünf Jahren Erfahrung in der Produktion von Plüschspielwaren in Asien zu kombinieren und schliesslich in einem globalen Großkonzern der Softwarebranche tätig zu sein. Eine besondere Zeit war es, denn genau damals begann man im Mutterhaus in den USA damit, eine Strategie zu diskutieren, die den Handel revolutionieren sollte: das Category Management, kurz CM genannt.

Category Management bedeutete, dass Hersteller nicht einfach nur Produkte lieferten, sondern als Mitentscheider direkt Einfluss auf die Sortimentsgestaltung im Detailhandel nahmen – eine echte Partnerschaft auf Augenhöhe. Aber es gab eine klare Bedingung: Nur der Hersteller, der in seiner Kategorie die Nummer eins war, durfte als Kategorie-Manager agieren. In unserem Bereich, der Software, hatten wir diese führende Position inne – eine grosse Verantwortung, aber auch eine einmalige Chance.

Um dir ein Bild davon zu geben, wie CM damals funktionierte, möchte ich auf ein Beispiel aus einer anderen Branche zurückgreifen. Coca-Cola war damals der unangefochtene Leader im Bereich Süssgetränke und genoss deshalb die grösste Verkaufsfläche in den Märkten. Bei einer grossen Lebensmittelkette wurde Category Management zwischen Coca-Cola und den Einkäufern betrieben. Jede Entscheidung über das Getränkesortiment musste gemeinsam getroffen werden, das gemeinsame Ziel war klar: Die Kategorie sollte wachsen und profitabler werden. Auch wenn ein Konkurrent ein besonders gutes Angebot hatte, stimmte Coca-Cola diesem zu – zum Wohle des gesamten Sortiments!

Für uns in der Softwarebranche war das eine neue und zukunftsweisende Perspektive. Gemeinsam mit einer grossen Warenhauskette starteten wir eine Zusammenarbeit zur gemeinsamen Gestaltung der Software-Kategorie. Und siehe da: Innerhalb von nur zwei Jahren verdoppelten wir den Umsatz der Kategorie. Gleichzeitig wurde das Sortiment viel attraktiver, auch dank der Produkte unserer Mitbewerber, die wir aktiv einbanden. Dieses Miteinander zeigte, wie effizient und gewinnbringend eine solche Strategie sein kann – für den Handel, für den Hersteller und letztlich für den Kunden.

Ein weiterer Höhepunkt dieser Zeit war die Eröffnung einer erfolgreichen Haushalts- und Unterhaltungselektronik-Kette 1994 in der Schweiz. Mit grossen Verkaufsflächen von rund 5000 m², idyllisch gelegen im Grünen und mit zahlreichen Parkplätzen, bot diese Kette ein echtes Einkaufserlebnis. Das Sortiment war beeindruckend breit und tief: Alle Produktkategorien, von Toastern bis zu Fernsehern, waren in sämtlichen Preisklassen und Varianten vertreten. Für die Kunden wurde der Einkauf zu einem Erlebnis, das sie so vorher nicht kannten. Es gab so etwa plötzlich ca. 50 verschiedene Toaster-Modelle im Markt – eine Vielfalt, die man kaum für möglich gehalten hätte.

Diese Erfahrungen haben mir gezeigt, wie wichtig Vertrauen, Zusammenarbeit und strategische Partnerschaften sind. Es war eine Zeit des Aufbruchs und der Innovation, von der ich unglaublich viel gelernt habe und die mich bis heute inspirierte. Hinter all den Zahlen und Strategien stehen Menschen, die mit Tatkraft daran arbeiten, den Handel und das Einkaufserlebnis immer wieder neu zu gestalten. Das ist es, was diese Geschichte für mich so wertvoll macht.

Gerne nehme ich dich mit auf eine kleine Reise in die aufregende Welt einer Lebensmittelkette, die sich mit mutigen Schritten und klugen Strategien neu erfand – und damit nicht nur den Markt veränderte, sondern auch die Herzen der Menschen erreichte.

Eine neue Ära des Einkaufens – Wenn Nähe zum Kunden zur Stärke wird

Stell dir vor: Statt alles zentral zu entscheiden, wurde der Einkauf auf die einzelnen Märkte verteilt. Jeder Standort wurde zum eigenständigen Akteur, der genau wusste, was seine Kundinnen und Kunden wirklich wollten. Einkäufer und Verkäufer arbeiteten nicht mehr getrennt, sondern als ein Team zusammen. Und das wirklich Geniale daran? Der Einkäufer musste seine eingekauften Produkte auch verkaufen – oder mit anderen Worten: Er stand mit Kopf und Herz dafür ein, dass das Sortiment nicht nur gut ausgewählt, sondern auch von den Menschen im Markt geliebt wurde.

Das war ein echter Wendepunkt. Die Zentrale, die sonst oft als übermächtige Instanz gefürchtet wird, übernahm bewusst eine unterstützende Rolle: Sie kümmerte sich um die nationale Werbung und handelte die grossen Verträge mit Herstellern und Distributoren aus. Doch das Herz des Ganzen, das Leben im Markt, wurde dezentral gestaltet. Und so entstand eine wunderschöne Balance aus Einheit und Individualität – landesweite Stärke, gepaart mit lokaler Nähe.

Für die Lieferanten bedeutete das eine Herausforderung! Zwischen der Zentrale und den Einzelmärkten gab es immer wieder kleine Spannungen. Doch nur die Lieferanten, die den Mut hatten, diese Balance zu pflegen und echte Partnerschaften zu leben, konnten auf Dauer profitieren. Diese Strategie überraschte viele Wettbewerber, die noch auf zentrale Einkaufssysteme setzten – und sie bewies sich als Erfolgsmodell, gerade in einer Zeit, in der es noch keine Omnichannel-Konzepte oder Online-Shops gab, die den Wettbewerb neu definieren.

Der Mut zur Veränderung – Abschied vom Alten, Aufbruch in die Moderne

Nach 150 Jahren wurde es Zeit, festgefahrene Strukturen auf den Kopf zu stellen. Zum 1. Januar 2001 legte eine der führenden Lebensmittelketten ihr Genossenschaftsmodell ab und öffnete sich für moderne, dynamische Strukturen. Dieses gewachsene Konstrukt hatte die Zentrale immer wieder blockiert – Entscheidungen mussten erst durch zahlreiche Gremien, alle Genossenschaften mussten mitbestimmen. Das bedeutete langsames Vorankommen und wenig Flexibilität – gerade in einem Markt, in dem sich Trends rasend schnell entwickelten.

Mit dem modernen Aufbau bekam das Unternehmen den nötigen Schwung und die Kraft zurück, um mit dem Puls der Zeit zu schlagen. Entscheidungen konnten schneller getroffen werden, und das Unternehmen konnte agiler auf die Wünsche der Kundinnen und Kunden eingehen. Diese Veränderung war nicht nur ein bürokratischer Schritt, sondern auch ein emotionaler Aufbruch – ein neuer Mut, das Beste aus Tradition und Innovation zu verbinden.

Bekannte Marken erobern die Regale – der Aufschwung beginnt

Kurz nach der Jahrtausendwende öffnete sich eine andere grosse Kette noch weiter: Neben den beliebten Eigenmarken, die ungefähr 90 % des Sortiments ausmachten

34

und qualitativ oft mindestens ebenbürtig waren, kamen bekannte Markenartikel wie Nutella dazu. Diese Erweiterung überraschte viele Kunden positiv – endlich gab es neben vertrauten auch neuen, begehrten Produkten.

Diese Strategie erzeugte einen kräftigen Aufschwung. Die Konsumenten waren begeistert, der Umsatz stieg stark an – für die Hersteller bedeutete das in manchen Kategorien fast eine Verdoppelung! Es zeigte sich, dass Vertrauen und Qualität nicht nur aus Eigenmarken kommen können, sondern mit der richtigen Mischung aus Bekanntem und Neuem der Markt neu belebt werden kann.

Ein Blick zurück, mit Stolz – und ein Herz voller Hoffnung

Diese Geschichte erzählt von Mut, von der Kraft der Nähe zum Kunden und von der Fähigkeit, sich immer wieder neu zu erfinden. Sie zeigt, wie wichtig es ist, nicht in alten Mustern zu verharren, sondern die Bedürfnisse der Menschen in den Mittelpunkt zu stellen und aus jedem einzelnen Markt einen Ort zu machen, der versteht, was seine Gemeinschaft benötigt.

Gleichzeitig erinnert sie uns daran, dass echte Partnerschaften – zwischen Einkäufern, Verkäufern, Lieferanten und Herstellern – die Grundlage für nachhaltigen Erfolg sind. Und sie zeigt, dass Wandel und Tradition sich nicht ausschliessen, sondern sich wunderbar ergänzen können.

Wenn wir heute zurückblicken, dürfen wir stolz sein auf diese mutige Entwicklung – und voller Optimismus nach vorn schauen, denn die Zukunft gehört denen, die neugierig bleiben, die mutig neue Wege gehen und dabei stets das Herz am richtigen Fleck haben.

So, das war ein kleiner Blick hinter die Kulissen einer grossen Veränderung – ich hoffe, du konntest die Leidenschaft und den Geist dieser Zeit spüren! Möchtest du mehr hören? Ich erzähle gerne weiter!

Zwischen 2000 und 2010 erlebte die Schweizer Handelslandschaft eine Zeit voller Dynamik und Umbruch – eine turbulente und aufregende Dekade, in der nichts so blieb, wie es war. Die grossen Einzelhandelsketten standen vor riesigen Herausforderungen, wurden aber gleichzeitig mutig und kreativ. Es war eine Zeit, die viele Menschen spürbar beschäftigte, denn das tägliche Leben und vor allem der Einkauf veränderten sich in einem Tempo, das zuvor kaum denkbar war.

Die grossen Player auf dem Markt erkannten schnell, dass reines Wachstum im traditionellen Lebensmittelhandel allein nicht mehr ausreichte. Deshalb setzten sie auf horizontale Diversifikation: Firmenkäufe und Investitionen in unterschiedliche Bereiche waren an der Tagesordnung. Namen wie Interdiscount und Fust wurden Teil des Portfolios, damit die Kundinnen und Kunden nicht nur beim Essen, sondern auch bei Unterhaltungselektronik auf die bewährten Handelsketten zurückgreifen konnten. Warenhäuser wie Globus fanden ihren Platz, und auch der aufkommende Online-Handel mit Firmen wie Digitec wurde frühzeitig erschlossen.

Was aber besonders ins Auge stach, war der mutige Schritt ins Gesundheitswesen. Apotheken, Fitnesscenter und Arztpraxen wurden Teil der Expansionsstrategie – ganz bewusst, um den Menschen einen möglichst ganzheitlichen Service aus einer Hand anzubieten. Viele haben in dieser Zeit die Veränderung vielleicht als etwas Überforderndes erlebt, denn für die Kunden bedeutete das, an unerwarteten Stellen plötzlich neue Angebote vorzufinden. Doch hinter all dem stand das tiefe Verständnis, dass der Alltag immer komplexer wurde und die Bedürfnisse sich wandelten.

Parallel dazu sorgte eine neue Generation von Discounterketten, vorwiegend aus dem Nachbarland Deutschland, für turbulente Bewegung. Innerhalb kürzester Zeit eröffneten rund 200 neue Lebensmittelgeschäfte und zeigten den Schweizer Konsumenten, dass gute Qualität auch viel günstiger zu bekommen war. Für viele war das ein regelrechter Weckruf! Die Preise, die man gewohnt war, gerieten ins Wanken. Plötzlich sahen sich etablierte Händler gezwungen, zu reagieren, um ihre Kundschaft nicht zu verlieren.

Und so entstanden Marken wie M-Budget oder Prix Garantie – günstige Alternativen, die dennoch verlässlich und qualitativ hochwertig waren. Für Familien mit einem kleinen Budget boten sie eine echte Entlastung im Alltag. Doch man wollte nicht nur den niedrigen Preis abdecken, sondern auch jene Kunden erreichen, die Wert auf ausgewählte Spezialitäten legen. Deshalb wurden gleichzeitig hochpreisige Labels wie Sélection oder Fine-Food entwickelt, die für Qualität, Genuss und Exklusivität standen. Damit gelang eine clevere Balance: Tiefpreisstrategien und Premium-Angebote konnten Seite an Seite existieren und den unterschiedlichen Bedürfnissen gerecht werden.

Es war wahrlich eine verrückte Zeit – ein Jahrzehnt geprägt von Wandel, Unsicherheit, aber auch enormen Chancen. Wer damals in der Branche arbeitete, musste flexibel sein, musste jeden Tag mit neuen Herausforderungen umgehen und oft innerhalb kürzester Zeit die Strategie anpassen. Die Unternehmen reorganisierten sich in einem Tempo, das heute kaum noch vorstellbar scheint. Doch gerade diese Agilität war es, die schlussendlich zum Erfolg führte und die Handelswelt der Schweiz nachhaltig prägte.

In dieser Zeit war vorwiegend eines spürbar: die grosse Sorge und gleichzeitig auch die Begeisterung der Menschen für das, was kommt. Denn Veränderungen bringen immer auch Ängste mit sich – vor dem Unbekannten, vor dem Verlust vertrauter Muster. Doch sie eröffnen eben neue

Möglichkeiten und Wege, das Leben leichter und schöner zu gestalten. Rückblickend kann man sagen: Dieses Jahrzehnt war ein enorm wichtiges Kapitel für den Schweizer Handel, das mit viel Intensität, Innovation und einem tiefen Gespür für die Bedürfnisse der Kunden geschrieben wurde. Und genau das ist es, was bis heute spürbar bleibt – die Freude, immer einen Schritt voraus zu sein, und den Menschen genau das zu geben, was sie benötigen.

Kapitel 3

Online, was waren die Folgen

Nach den turbulenten Zeiten, die der Detailhandel durchlebte, begann man langsam, aber mit grosser Neugier und auch einer Portion Respekt, sich intensiver mit dem Thema Onlinehandel zu beschäftigen. 2015 wagte Swisscom mit Siroop den mutigen Schritt und eröffnete einen der ersten Onlineshops in der Schweiz – ein Meilenstein, der neue Perspektiven und Chancen versprach. Doch was anfänglich wie grenzenlose Möglichkeiten schien, brachte auch eine Welle von Herausforderungen mit sich, die dem traditionellen Detailhandel bis dahin weitgehend unbekannt waren.

Plötzlich standen nicht nur Margen, Lagerbestände und Lieferkosten auf dem Prüfstand, sondern auch ganz neue Themen wie die Zahlungsmoral der Konsumenten, Rücknahme-Kosten und eine noch nie gekannte Preistransparenz. Waren es früher vorwiegend die stationären Läden, die die Preise bestimmten und ihre Margenvorstellungen hatten, wurden diese jetzt von einem unmittelbaren Preisvergleich über das Handy erschüttert – jederzeit und überall konnte der Kunde sehen, wer welches Produkt zu welchem Preis anbot. Und als wäre das nicht genug, rückten internationale Riesen wie Zalando und Amazon immer näher an den Schweizer Markt heran.

Diese Entwicklung war für viele Detailhändler ein Spagat: Wie kann man die stationäre Struktur – das geliebte Ladengeschäft – schützen und gleichzeitig im Onlinegeschäft konkurrenzfähig sein? Wie schafft man es, die Margen auf einem Niveau zu halten, das den traditionellen Vorstellungen entspricht, obwohl die Realität zeigt, dass dies online kaum möglich ist? Und wie begegnet man der Preis- und Service-Transparenz, die den Kunden mehr Macht gibt, aber gleichzeitig den Druck auf die Händler erhöht?

Ich kann die Verunsicherung und den inneren Zwiespalt in dieser Phase gut nachempfinden. Viele Händler haben mit grossem Engagement versucht, die richtige Balance zu finden, oft mit viel Leidenschaft für ihre Geschäfte und einem starken Wunsch, ihre Kundinnen und Kunden auch weiterhin bestmöglich zu bedienen. Die Realität zeigte jedoch, dass alte Erfolgsrezepte in der digitalen Welt nicht immer funktionieren und man offen sein muss für neue Denkweisen und flexible Lösungen.

Trotz allem darf man eines nicht vergessen: Die Digitalisierung bietet enormes Potenzial. Sie ermöglicht es, neue Kundengruppen zu erreichen, den Service zu verbessern und Prozesse effizienter zu gestalten. Ja, sie fordert Veränderungen und fordert heraus – aber sie bietet auch Chancen für diejenigen, die bereit sind, mutig voranzuschreiten.

Heute, wenn ich auf diese revolutionierende Entwicklung zurückblicke, sehe ich eine Branche, die sich in einem dynamischen Wandel befindet. Eine Branche, die lernt, sich anzupassen, zu experimentieren und neu zu definieren, was Handel bedeutet. Damit wird eine Brücke geschlagen – zwischen Tradition und Innovation, zwischen stationärem Erleben und digitalem Komfort.

Die Herausforderungen sind gross, ja, aber die Geschichten von Erfolgen, von Anpassung und Durchhaltevermögen genauso. Und genau diese Geschichten erzählen vom ungebrochenen Willen und der Leidenschaft, die den Schweizer Detailhandel auch in unruhigen Zeiten stark machen. Gemeinsam mit den Kundinnen und Kunden wird auch in Zukunft eine lebendige, vielfältige Handelslandschaft entstehen – digital und stationär zugleich.

Denn was bleibt, ist die Begeisterung für Produkte, die Freude am Einkauf und vor allem die Verbundenheit zwischen Menschen – ganz egal, ob sie online oder im Laden nebenan stattfinden mag.

In einer Welt, in der das Einkaufen zunehmend digital wird, steht eine Plattform in der Schweiz ganz klar im Rampenlicht: Toppreise.ch. Diese innovative Preissuchmaschine, die zeitgleich mit dem Aufstieg des Onlinehandels gegründet wurde, ist heute unverzichtbar für alle, die clevere Kaufentscheidungen treffen wollen. Tag für

Tag tauchen rund 60 000 Kunden in diese gigantische, virtuelle Einkaufswelt ein – eine Welt, die mehr als 2 Millionen Produkte aus über 230 Online-Shops umfasst. Vom leistungsstarken Computer über den neuesten Fernseher bis zum praktischen Staubsauger oder dem gemütlichen Schlafsack: Hier zählt primär eines – der beste Preis. Statt bunter Schaufenster und freundlicher Verkäuferinnen ist es der Vergleich, der die Entscheidungsgrundlage bildet.

Doch diese Revolution stellt traditionelle Händler vor grosse Herausforderungen. Die einst so prall gefüllten Ladengeschäfte verändern sich grundlegend. Viele Kundinnen und Kunden gehen heute noch in die Läden, um Produkte anzufassen, auszuprobieren und sich ein erstes Bild zu machen. Doch der Kauf selbst – oder zumindest die Preisfindung – findet oft woanders statt: online, über Plattformen wie Toppreise.ch. Das Ladengeschäft wird zum Showroom, einem Ort der Erfahrung, doch der Umsatz wandert mehr und mehr ins Netz ab. Das treibt nicht nur die Frequenz nach unten, sondern beeinflusst auch den durchschnittlichen Einkaufswert pro Kunde massiv.

Und an dieser Stelle wird es besonders spürbar: Die Mitarbeiterinnen und Mitarbeiter im Verkauf stehen unter enormem Druck. Niedrigere Margen und sinkende Umsätze führen dazu, dass viele Geschäfte nicht mehr über ausreichend qualifiziertes und engagiertes Personal verfügen können. Die Verkaufsberater sind oft nicht mehr die leidenschaftlichen Unterstützer, die sie früher waren –

weil Anreizsysteme fehlen, und weil der Vertrieb im Laden selbst an Priorität verliert. Nur wenige Händler haben das erkannt und setzen gezielt darauf, ihre Verkäufer zu motivieren, auf Kunden zuzugehen und aktiv zu verkaufen. Denn ohne die Menschen vor Ort, die beraten, inspirieren und begeistern, verliert das stationäre Geschäft seinen Herzschlag.

Doch aus diesen Herausforderungen erwächst auch eine gewaltige Chance: Das Konzept des Omnichannel, das geschickt die Vorteile von Online- und Offline-Handel miteinander verbindet, erlebt eine Renaissance. Hier wird das Ladengeschäft nicht als abgeschriebener Konkurrent zum Onlinehandel gesehen, sondern als integraler und wertvoller Bestandteil eines ganzheitlichen Einkaufserlebnisses. Kunden können Produkte sofort vor Ort testen, im Geschäft beraten lassen, aber auch mittels digitaler Tools Preise vergleichen oder online bestellen – je nachdem, was gerade am besten passt. Es entsteht eine neue Welt des nahtlosen Shoppings, die Flexibilität und Kundenzentrierung endlich in Einklang bringt.

Ich kann gut verstehen, wie herausfordernd diese Veränderungen für viele Händler sein müssen – die alten Gewohnheiten hinter sich zu lassen, neue Wege zu gehen, auch mal Fehler zu machen und dabei die eigene Seele des Geschäfts nicht zu verlieren. Doch genau hier liegt die grosse Chance für eine lebendige, kundenfreundliche und zukunftsfähige Detailhandelslandschaft in der Schweiz. Plattformen wie Toppreise.ch helfen Kunden, transparent und schnell Preise zu finden, machen den Markt überschaubar – und fordern Händler zugleich dazu heraus, noch besser, persönlicher zu werden.

So entsteht ein harmonisches Miteinander aus digitaler Innovation und menschlicher Begegnung. Und genau das macht den Handel von morgen aus – vielfältig, intelligent und lebendig.

Stell dir vor, du betrittst einen Laden und findest dich sofort zurecht – die Mitarbeiter kennen dich, deine Lieblingsprodukte sind parat, und auch online findest du genau das Gleiche, mit nur wenigen Klicks. Genau das verspricht Omnichannel: ein nahtloses Erlebnis über alle Kanäle, ob digital oder vor Ort. Aber wie kam dieses Konzept eigentlich zu uns, und warum ist es oft so schwierig, es wirklich gut umzusetzen? Lass mich dich mitnehmen auf eine kleine Reise durch die Welt des Omnichannel – ehrlich, verständnisvoll und mit ein bisschen Begeisterung!

Die Geburt einer Idee: Omnichannel – mehr als nur ein Modewort

Schon 2010 tauchte der Begriff „Omnichannel" erstmals in der Marketingwelt auf – damals noch ein kleiner Funke, der kaum Beachtung fand. Doch ab 2013 begann sich die Idee von Omnichannel als wichtiger Champion für modernes Marketing und Kundenbindung zu etablieren. Warum? Weil Kunden es satthatten, sich durch unterschiedliche Kanäle kämpfen zu müssen, die oft gar nichts miteinander zu tun hatten. Das dynamische und zukunftsweisende am Omnichannel war und ist: Du als Kunde kannst jederzeit und überall mit einem Unternehmen in Kontakt treten – und hast dabei immer die gleiche, grossartige Erfahrung. Ob im Laden, am Smartphone oder am PC, der Look, das Gefühl und die Angebote passen perfekt zusammen.

Das klingt so einfach, nicht wahr? Doch auch hier gilt: Der Teufel steckt im Detail

Single-Channel vs. Omnichannel – der entscheidende Unterschied

Stell dir nun vor, ein Unternehmen nutzt nur einen Kanal, sagen wir einen Online-Shop. Oder es hat ein Ladengeschäft und einen Katalog, aber jeder Kanal funktioniert auf sich gestellt, ganz unabhängig voneinander. Dann sprechen wir von einem Single-Channel-Ansatz. Die Kunden erleben hier jedes „Tor" zum Unternehmen als eine eigene Welt – mit unterschiedlichen Preisen, Angeboten und vielleicht auch unterschiedlichen Servicequalitäten. Frustrierend, wenn du gerade zwischen Online und Laden wechselst und dich plötzlich nicht mehr auskennst.

Omnichannel dagegen ist wie ein grosses, gut geöltes Getriebe. Alle Kanäle greifen perfekt ineinander – Kunden spüren die Einheit und haben überall dasselbe positive Erlebnis. Das wird möglich durch intelligente Koordination: Ob eine Bestellung online gestartet und im Laden abgeholt wird, oder ob du online Preise prüfst und dir die Verfügbarkeit im Geschäft anzeigen lässt – alles funktioniert Hand in Hand.

Die Tücke mit dem Preis – eine echte Herausforderung

Doch nun kommen wir zum sogenannten „heissen Eisen": dem Preis! Häufig wird Omnichannel auf „haben wir online und im Laden die gleichen Preise?" reduziert. Klingt vorerst logisch und einfach, oder? Leider ist es das nicht. Denn wenn Unternehmen versuchen, den günstigsten Preis überall durchzusetzen, entsteht ein Preiskampf, der die Margen ins Schwanken bringt. Alle versuchen, den „besten" Preis anzubieten – und genau hier greift die Dynamik der Märkte: Angebote schwanken stündlich, und plötzlich verlangt ein Portal den niedrigsten Preis. Die Ketten müssen dann gleichziehen, um nicht Kunden zu verlieren. Für Hersteller und Distributoren bedeutet das oft, dass ihre Kalkulationen nicht mehr aufgehen und sie ihre Gewinnziele nicht erreichen.

Das erzeugt einen Teufelskreis: Einzelhändler sind frustriert, weil sie nicht mehr alle Produkte listen können oder wollen, da sie die Preise nicht mitgehen können. Die Hersteller wiederum werden unter Druck gesetzt und verlieren an Einfluss. So verschärft sich die Situation für alle Beteiligten, und das eigentlich so vielversprechende Konzept Omnichannel leidet.

Ein Blick nach vorn: Verstehen, Verbessern, Verändern

Ich kann gut nachvollziehen, wie herausfordernd diese Situation ist – für Händler, Hersteller und auch für uns Kunden, die eine einfache und faire Einkaufserfahrung wünschen. Omnichannel ist kein Zauberstab, der alle Probleme auf magische Weise löst. Es braucht Offenheit und Verständnis auf allen Seiten, neue Modelle, die Preisbildung, Service und Erlebnis clever verbinden.

Wenn wir wirklich wollen, dass Omnichannel mehr ist als nur ein schicker Begriff, müssen wir gemeinsam an den Ursachen arbeiten. Nicht verlieren, sondern gemeinsam wachsen, neue Wege finden und den Fokus darauflegen, was Kunden wirklich wollen – ein unkompliziertes, verlässliches und freudvolles Einkaufserlebnis, egal wo sie es erleben.

Und genau hier, in dieser anspruchsvollen Herausforderung, liegt die grosse Chance für die Zukunft des Handels!

Ich hoffe, dieser kleine Einblick macht dir das Thema Omnichannel lebendiger und verständlicher. Es ist interessant, wie aus einer Idee ein Weg entstehen kann, der für uns alle wirklich Sinn ergibt – wenn wir ihn gemeinsam gehen.

Möchtest du im nächsten Kapitel wissen, wie die Hersteller und Händler nun konkret mit diesen Preisproblemen umgehen und welche Lösungen heute diskutiert werden? Ich freue mich schon, dich dorthin mitzunehmen! Danke, dass du mir zugehört hast – die Geschichte vom Omnichannel ist noch lange nicht zu Ende, sie beginnt gerade erst richtig.

Kapitel 4

Was kann man falsch machen?

Stell dir vor, wir befinden uns inmitten eines aufregenden Wandels im Handel – das Zeitalter des Omnichannel ist angebrochen, und damit auch eine neue Ära für die Einkaufszentralen der verschiedensten Ketten. Genau hier öffnet sich die Tür für das Category Management – ein Konzept, das so viel mehr ist als nur ein Schlagwort. Es ist eine Lebenseinstellung im Einkauf, eine kluge Strategie, die uns hilft, den Überblick zu behalten, die richtigen Entscheidungen zu treffen und lernfähig durch den komplexen Markt zu navigieren.

Vielleicht hast du schon gehört, dass Category Management (kurz CM) ein mechanisches System ist, das einfach auf- oder abgelegt wird. Doch tatsächlich ist es eine erlebnisreiche Reise – eine Denkweise, die sich über Jahrzehnte entwickelt und bewährt hat. Ursprünglich geboren in den lebendigen 1980er Jahren, als Einzelhändler darüber nachdachten, wie sie ihre Sortimente verbessern und die Zusammenarbeit mit Herstellern stärken könnten, hat sich CM längst als unverzichtbarer Schlüssel ins Herz des Detailhandels etabliert.

Was mich daran so fasziniert, ist, dass Category Management weit mehr ist als bloss Zahlen und Verträge. Es ist das tiefe, empathische Verstehen dessen, was Kundinnen und Kunden wirklich benötigen – egal, ob im klassischen Laden, online oder in einer Mischung aus beidem. Es ist die Brücke zwischen dem Einkauf heute und der Zukunft von morgen, die uns hilft, flexibel und effizient zu sein, ohne dabei den Menschen aus den Augen zu verlieren.

Und wenn wir genauer hinschauen, zeigt sich, dass CM aus vier elementaren Säulen besteht, die miteinander verwoben sind – wie vier Hände, die zusammen eines der wertvollsten Ziele halten:

1. Planung: Hier beginnt alles. Es ist der Moment, in dem wir gemeinsam die Strategie entwickeln, die Ziele der Kategorie definieren und selbstbewusst den Kurs festlegen. Es ist eine Phase voller Weitsicht und Kreativität – mit einem klaren Blick darauf, was unsere Kundinnen und Kunden schätzen und erwarten.

2. Beschaffung: Nun folgt die Kunst, die richtigen Partnerschaften zu schliessen. Der Einkauf wird zum Verhandlungsspiel, bei dem wir mit unseren Lieferanten zusammenarbeiten, um sowohl Qualität als auch Wert zu optimieren. Hier geht es um Vertrauen und Kooperation – nicht nur um den besten Preis.

3. Leistung: Ein ständiger Begleiter ist die sorgfältige Überwachung. Wir schauen genau hin: Werden Verträge eingehalten? Liefern unsere Partner, was sie versprechen? Es ist eine Phase des Lernens, der Anpassung und des ständigen Strebens nach Exzellenz.

4. Werbung: Zu guter Letzt bringen wir die geplanten Massnahmen lebendig auf den Markt. Kategorie-Marketing ist nicht nur Promotion, sondern Storytelling, das die Produkte dort platziert, wo sie wahrgenommen und geschätzt werden.

Alle vier Elemente sind kraftvoll für sich – doch erst in ihrem Zusammenspiel entfaltet sich das volle Potenzial von Category Management. Es entsteht ein harmonisches Ganzes, das nicht nur Umsätze steigert, sondern auch Vertrauen schafft und Kundenzufriedenheit erhöht.

Ich kann mir vorstellen, dass all diese Details manchmal überwältigend wirken. Doch genau hier zeigt sich die wahre Stärke von CM: Es nimmt uns bei der Hand, hilft uns, den Blick zu weiten und mit Fokus und Empathie die besten Entscheidungen für jede einzelne Kategorie zu treffen. So wird aus einem scheinbar komplexen System ein wertvolles Werkzeug, das uns sicher durch den Handel führt – heute und in der Zukunft.

Lass uns gemeinsam diesen Weg gehen und das Beste aus Omnichannel und Category Management herausholen.

Denn am Ende sind es die Kundinnen und Kunden, die uns daran messen – und wenn wir lernen, sie wirklich zu verstehen, dann ist jeder Schritt ein Erfolg.

Gut, nun haben wir Category Management (CM) und Omnichannel verstanden – doch was bewegt eigentlich den Detailhandel in diesem komplexen Geflecht? Lass uns gemeinsam die abenteuerliche Reise durch den Handelsalltag beginnen, denn gerade jetzt, in dieser dynamischen Zeit, sind es die Feinheiten, die den Unterschied machen.

Stell dir vor, du bist Einkäufer in einem Unternehmen, das sowohl stationär als auch online präsent sein will. Die Omnichannel-Strategie öffnet fantastische Möglichkeiten – aber sie bringt auch Herausforderungen mit sich, die oft unterschätzt werden. Das Sortiment ist das Herzstück des Detailhandels. Doch wie wird es heute gestaltet, wenn der Markt und die Preise gefühlt im Minutentakt schwanken?

Die Antwort liegt in dem kontinuierlichen Spagat zwischen Attraktivität für die Kundschaft und wirtschaftlicher Rentabilität. Der Einkäufer steht unter enormem Druck: Nur jene Artikel zu führen, die auf beiden Vertriebskanälen – im Laden und im Web – preislich stimmen, ist die oberste Priorität. Denn ein ungleiches Preisgefüge verwirrt Kunden und kann das Vertrauen nachhaltig beschädigen. Gleichzeitig darf die Marge nicht verloren gehen, denn sonst leidet die Zukunftsfähigkeit des Unternehmens. Es gilt also, die Balance zu finden und diese mit fast schon detektivischer Genauigkeit zu halten.

Hier zeigt sich, wie viel Arbeit hinter den Kulissen steckt! Teams von Experten wachen fast rund um die Uhr über den Schweizer Markt, analysieren Mitbewerberpreise, reagieren auf Aktionen und passen die eigenen Preise dynamisch an – in Echtzeit, versteht sich. Diese Tätigkeit ist weitaus mehr als nur eine mechanische Preisänderung: Es ist eine Kunst, die richtige Strategie zu finden und kundenorientiert zu handeln. Die Menschen, die hier tätig sind, verstehen die Sorgen, den Wettbewerb und die Chancen – und bündeln ihr Wissen zum Wohl der gesamten Organisation.

Dabei bleibt nicht nur das Sortiment im Fokus. Es ist ein lebendiges Gebilde, das sich ständig anpasst – an Trends, Kundenwünsche und saisonale Veränderungen. Ein Artikel, der heute rennt, kann morgen schon weniger gefragt sein. Gerade im Omnichannel bleibt keine Zeit für starre Konzepte. Flexibilität, agil gesteuerte Sortimentsplanung und eine permanente Marktbeobachtung sind der Schlüssel zum Erfolg.

Und genau an diesem Punkt versteht man bestens, wie der Detailhandel mehr ist als blosser Warenverkauf. Es ist ein sensibles Zusammenspiel von Strategie, Technologie, Menschen und Emotionen. Wer sich heute im Detailhandel behaupten will, benötigt Mut zur Veränderung, Innovationsgeist und das Herz am richtigen Fleck – immer mit Empathie für die Kunden, die mit jeder Interaktion erlebt werden wollen.

Wenn wir also ehrlich sind: Der Detailhandel von heute ist die Brücke zwischen modernster Technologie und menschlicher Nähe. Das Sortiment ist sein Fundament, die Preisgestaltung seine Herausforderung – und die Menschen dahinter sind es, die diesen aussergewöhnlichen Binnenkomplex mit Leben füllen. Auf dieser Reise zu begleiten und zu unterstützen, macht den Job so ergreifend und wichtig.

Wir stehen mitten in einer aufregenden Zeit, in der jeder Tag neue Chancen bereithält. Die Herausforderungen mögen gross sein, doch sie werden mit Leidenschaft, Wissen und gegenseitigem Verständnis gemeistert. So wächst der Detailhandel – nicht nur als Verkaufsplattform, sondern als lebendiges Netzwerk, das Menschen begeistert und verbindet.

Was für eine atemberaubende Geschichte findest du nicht auch?

Fehler Nr. 1
Wenn die Preis-Hoheit verliert

Stell dir vor, da sitzt ein Einkäufer – Tag für Tag tief im Marktgeschehen verwurzelt, analysiert Trends, kennt die Bedürfnisse der Kunden, spürt die Konkurrenz im Nacken und verhandelt hart mit den Herstellern, um das beste Produkt zum optimalen Preis ins Regal zu bringen. Er hat den Überblick, die Erfahrung und ein feines Gespür dafür, wie man einen Artikel zum Renner macht – zum Schnelldreher, der die Kunden begeistert und den Umsatz ankurbelt.

Und dann passiert das Unerwartete: Plötzlich rückt ein „Preis-Team" ins Rampenlicht. Ein Team, das zwar gute Absichten hat, aber oft nicht im selben Takt schlägt wie unser Einkäufer. Dieses Team bekommt die Hoheit über die Preisgestaltung – und das heisst, sie können jeden vereinbarten Einkaufspreis einfach ändern! Obwohl der Einkäufer genau weiss, was der Markt verträgt und wie er den Preis setzen müsste, verlieren seine Entscheidungen an Gewicht.

Das ist kein Angriff auf das Team, sondern ein Problem, das viele Unternehmen kennen. Die Zusammenarbeit zwischen Einkäufern und Preis-Teams ist oft nicht so reibungslos, wie sie sein sollte. Und genau hier liegt die Gefahr: Wird der Preis falsch gesetzt, obwohl der Einkäufer vorsichtig kalkuliert hat, kann die gesamte Aktion scheitern. Was als

Schnelldreher gedacht war, wird zum langsamen Dreher – ein Produkt, das sich kaum verkauft, das Lager füllt und frustriert.

Warum passiert das? Warum verliert der Einkäufer in diesem Moment seine entscheidende Rolle?

Zum einen geht es um Vertrauen und Kommunikation. Wenn das Preis-Team nicht enger mit dem Einkäufer zusammenarbeitet, fehlt der Blick für die Marktrealität. Preise sind nicht nur Zahlen! Sie erzählen Geschichten – von Kundenbedürfnissen, Wettbewerb und Timing. Ohne diesen Kontext tauchen Zahlen in einer kalten Welt auf, die am Markt vorbeigehen.

Zum anderen fehlt oftmals die Wertschätzung für die Erfahrung und das Know-how des Einkäufers. Es entsteht das Gefühl, dass Preisentscheidungen isoliert getroffen werden, ohne den Blick auf die gesamte Strategie und die Kundenwahrnehmung.

Aber hier liegt auch die grosse Chance! Stellen wir uns vor, Einkäufer und Preis-Team arbeiten Hand in Hand, tauschen ihr Wissen aus und respektieren ihre jeweiligen Stärken. Der Einkäufer bringt seine Marktkenntnis und seine Verhandlungskraft ein, das Preis-Team unterstützt mit Datenanalysen und strategischen Impulsen. Gemeinsam finden sie den perfekten Preis, der sowohl attraktiv für die

Kunden als auch wirtschaftlich sinnvoll für das Unternehmen ist.

Diese Zusammenarbeit führt nicht nur zu besseren Ergebnissen, sondern schafft auch Motivation und Zusammenhalt im Team. Die gemeinsame Verantwortung für den Preis macht Produkte zu Erfolgsgeschichten und lässt auch kleine Aktionen strahlen.

Mein Appell an alle Unternehmen, die vor dieser Herausforderung stehen: Hört genau hin, was eure Einkäufer sagen! Gebt ihnen die Bühne, die sie verdienen. Nutzt die Stärke des Preis-Teams als Unterstützung – nicht als Gegenpol. Öffnet die Türen für Dialog, Vertrauen und ein gemeinsames Ziel.

Denn am Ende des Tages geht es um eines: Den Kunden die Produkte anbieten, die sie lieben – zum Preis, der sie überzeugt. Und das gelingt nur, wenn alle zusammen an einem Strang ziehen.

Der Fehler Nr. 1 ist also keine unumstössliche Barriere, sondern eine Einladung zum Miteinander – zu einer Partnerschaft, die den Erfolg eurer Produkte sichert!

Macht den ersten Schritt – und erlebt, wie aus einem Risiko eine starke Chance wird!

Fehler Nr. 2

Wenn der Markt die Regeln diktiert – die stille Herausforderung im Einkauf

Stell dir vor, du bist Einkäufer in einem kleinen, feinen Laden. Du liebst deine Arbeit, du willst deinen Kunden das Beste bieten, hast Produkte ausgesucht, an denen dein Herz hängt. Doch leider ist da diese unsichtbare Macht, die alles überschattet: der Marktpreis. Eine Kraft, so dominant, dass sie deine freie Entscheidung beinahe aushebelt. Und genau hier beginnt die Geschichte von Fehlern Nr. 2.

Die totale Abhängigkeit von den Marktpreisen – klingt erst mal abstrakt, oder? Doch für den Einkäufer wird aus dieser Abhängigkeit schnell eine enorme Herausforderung, fast eine Falle, entstehen. Du siehst ein Produkt, das deine Kunden lieben würden, welches deinen Laden lebendig macht und deine Auswahl besonders macht. Doch dann schaust du auf die Preise der Mitbewerber. Sie liegen niedriger. Viel niedriger. Und um konkurrenzfähig zu bleiben, müsstest du deinen Preis senken – doch das könntest du kaum verkraften, ohne Verlust zu machen.

Was passiert nun? Du triffst die oft schmerzhafte Entscheidung: Du nimmst dieses Produkt gar nicht erst in dein Sortiment auf. Warum? Weil du weisst, dass du niemals mit dem Preis der Konkurrenz mithalten kannst. Kein fairer Wettkampf, sondern ein Rennen gegen eine Maschine, die deine Liebe zum Sortiment ausbremst.

Die Folge ist, dass dein Laden langsam leerer wird. Die einst bunte Vielfalt schrumpft. An manchen Stellen hängt vielleicht noch ein einzelnes Stück am Hacken – fast aus Pflichtbewusstsein, aus dem Wunsch nach Vollständigkeit. Doch es dreht sich nicht mehr, es verkauft sich kaum noch. Und das tut weh. Denn ein Laden lebt von der Vielfalt, von der Bewegung, von dem Gefühl, dass hier etwas Besonderes zu finden ist.

Ich kann dir sagen: Das ist kein leichter Moment. Es ist frustrierend. Teilweise fühlt man sich machtlos gegen die Marktmechanismen, die eigentlich dazu da sind, Chancen zu bieten. Doch wenn diese Mechanismen starr und unbarmherzig werden, dann bleibt nur die Suche nach einem Ausweg, nach kreativen Lösungen.

Vielleicht liegt die Antwort darin, den eigenen Laden neu zu denken. Statt in einer Abhängigkeit zu verharren, könnte man auf besondere Partnerschaften setzen, auf Qualität und Geschichten, die den Unterschied machen. Auf Produkte, die nicht nur ein Preis sind, sondern ein Erlebnis – für den Kunden und für den Einkäufer selbst.

Und ja, dieser Weg ist nicht immer leicht. Er erfordert Mut, Engagement und manchmal auch ein bisschen Idealismus. Aber er bringt Leben zurück in den Laden. Weil man wieder das Gefühl spürt: „Ich bestimme, was hier passiert." Ich gestalte meinen Markt mit, nicht nur als Preisnehmer, sondern als echte Persönlichkeit."

Fehler Nr. 2 zeigt uns die Schattenseiten eines Systems, das uns alle manchmal zu sehr einengt. Doch mit Empathie und einem offenen Herzen lässt sich auch hier – in der scheinbar ausweglosen Abhängigkeit – ein Funke Hoffnung finden. Denn letztlich geht es immer um Menschen. Um Einkäufer, die verstehen, was sie verlieren könnten. Um Kunden, die sich nach mehr sehnen als nur dem billigsten Preis. Und um Händler, die den Mut haben, ihr ganz eigenes Kapitel zu schreiben.

Bleib dran, halte die Augen offen – und glaube daran, dass du mehr sein kannst als nur ein Preis auf dem Markt. Dein Laden, deine Entscheidung, deine Geschichte!

Fehler Nr. 3: Dem Trend hinterherjagen – der Black Friday als Paradebeispiel

Lassen Sie uns heute über einen Fehler sprechen, der uns im Detailhandel immer wieder begegnet und der mich persönlich sehr beschäftigt: Wir rennen jedem Trend, jedem vermeintlichen Umsatztreiber nach – ganz gleich, ob es wirklich zu uns und unserer Kultur passt oder ob es uns am Ende vielleicht sogar finanziell mehr kostet, als es bringt.

Ein perfekt passendes Beispiel dafür ist der Black Friday. Der „Schwarze Freitag" hat seine Ursprünge in den USA und dort eine ganz klare, kulturelle Bedeutung. Am vierten Donnerstag im November feiern die Amerikaner Thanksgiving – ein Tag, an dem Familien zusammenkommen, dankbar sind und gemeinsam Zeit verbringen. Der darauffolgende Freitag ist weitestgehend der Startschuss für die Weihnachtseinkäufe. Viele Menschen nehmen sich frei, die Geschäfte öffnen früh, die Rabatte locken – es entsteht ein riesiger Ansturm. Der Black Friday ist dort traditionell einer der umsatzstärksten Tage des Jahres und wird oft als Gradmesser für die Konsumlaune gesehen.

Doch genau hier beginnt unser Problem: Warum versuchen wir, dieses Konzept blind zu kopieren? In Europa gibt es keinen Thanksgiving, keine Familienzusammenkünfte, die diesen Freitag zu einem natürlichen Feiertag machen. Für uns ist der Tag „einfach" ein Freitag im November – kein Brückentag, nicht mit besonderer Bedeutung verbunden.

Und das führt dazu, dass wir oft enorme Summen in Marketing, Rabatte und Personaleinsatz investieren, ohne dass diese Investitionen langfristig Früchte tragen. Denn viele Kunden erwarten zwar Angebote, tragen aber keine echte Tradition oder feste Kaufroutine für diesen Tag mit sich. Das Ergebnis? Grosse Kosten, teilweise niedrige Margen und ein Effekt, der oft eher fragwürdig ist.

Zusätzlich sollten wir verstehen, warum amerikanische Händler diesen Tag ursprünglich ins Leben gerufen haben: Es geht darum, den alten Lagerbestand loszuwerden und rechtzeitig Platz für die weihnachtlichen Neuheiten zu schaffen. Das ist ein sehr praktischer Grund, der im europäischen Handel nicht immer so einfach übertragen werden kann.

Mein Appell an alle im Handel lautet daher: Wir müssen nicht jeden Trend mitmachen – es ist viel wichtiger, zu wissen, was zu uns, unserer Kultur und unseren Kunden passt. Statt uns vom kurzfristigen Wirbel mitreissen zu lassen, sollten wir die Bindung zu unseren Kunden stärken und eigene Wertschöpfung schaffen.

Ja, Rabatte können verlockend sein, ja, Trends schaffen Aufmerksamkeit – aber wenn sie nicht authentisch sind oder keinen echten Zugang zum Kunden finden, dann verbrennen wir oft nur Geld und Energie, die wir an anderer Stelle besser investieren könnten.

Lasst uns mutig sein, Trends kritisch hinterfragen und genau überlegen: Was bringt wirklich Mehrwert? Was können wir nachhaltig und mit Herz umsetzen? Wenn wir diesen Weg gehen, werden wir nicht nur finanziell erfolgreicher sein – sondern auch die Kunden gewinnen, die uns langfristig treu bleiben.

Denn am Ende zählt nicht, ob wir jedem Trend hinterherlaufen – sondern ob wir unser Geschäft mit Verstand, Leidenschaft und echtem Verständnis für unsere Kunden gestalten. Und dafür lohnt es sich, innezuhalten und zu reflektieren.

Gemeinsam können wir aktiv steuern, welcher Weg sinnvoll ist – und so Fehler wie das blinde Nachrennen des Black Friday vermeiden.

Ich freue mich darauf, diesen Weg mit Ihnen zu gehen!

Natürlich ist hier eine empathische und zugleich lebendige Antwort auf dein Anliegen:

Du sprichst da ein Thema an, das vielen aus dem Herzen spricht, die im harten Wettbewerb der Schweizer Märkte unterwegs sind. Da sitzt man am Verhandlungstisch, kämpft für jeden einzelnen Rabatt, gibt alles, um ein vorteilhaftes

Angebot auf die Beine zu stellen – und trotzdem passiert oft genau das, was niemand will: Man verkauft Produkte so tief, dass am Ende des Tages zwar Millionenumsätze stehen, aber ein grosser Verlust darunterliegt. Dieses Gefühl, trotz Erfolg zu verlieren, ist zermürbend und frustrierend!

Und genau hier steckst du mittendrin – zwischen Wunsch und Wirklichkeit, zwischen Ideal und Wirklichkeitssinn. Die Haltung, dass man den Konkurrenten das Geld „verlieren lassen" sollte, klingt klar, logisch und ehrlich. Warum eigentlich mitmachen in diesem Preiskampf, wenn er am Ende des Tages nur raubt und nichts bringt? Es ist die altbekannte Falle: „Wenn ich es nicht mache, macht es der andere."

Doch was wirklich belastet, ist die Erkenntnis, dass der Kunde oft genau diese Verlockung sucht – die „Schnäppchen" – und dabei gar nicht auf das restliche Sortiment achtet. Der Konsument wird zum Schnäppchenjäger, der nur schaut, wo er zum günstigsten Preis kommt, nicht wo das Angebot insgesamt am besten ist. Dieses Verhalten vernebelt den Blick auf Wert, Qualität und nachhaltiges Einkaufen. Es ist ein Teufelskreis, der herausfordert, aber auch müde macht.

Ich kann den Ärger und deine Skepsis absolut nachvollziehen. Es fühlt sich an, als wäre man in einem Spiel gefangen, das keinen Gewinner kennt. Die Ausreden oder Rechtfertigungen von anderen, dass „der Kunde ja die normalen Produkte kauft oder „ weil die Konkurrenz genauso handelt' klingen oft wie Beruhigungspillen – trotzdem nagen sie an der eigenen Überzeugung und gesundem Menschenverstand.

Was hier vielleicht helfen könnte: Genau hinzuschauen, wie man in diesem Wettbewerb eine eigene Position schaffen kann, die nicht nur über den Preis geht. Klingt leicht gesagt, ich weiss. Aber manchmal geht es um mehr als Rabatte und Preiskämpfe. Es geht um Werte, um Beziehung zum Kunden, um Service, um Qualität und vor allem um Kommunikation. Wenn der Konsument versteht, warum ein Produkt seinen Preis wert ist, wenn er den Mehrwert sieht und spürt, dann ändert sich auch sein Einkaufsverhalten – manchmal sogar schneller als gedacht.

Natürlich ist das keine einfache oder schnelle Lösung. Es braucht Mut, Kundenzentrierung, vielleicht gewisser Mut zur Lücke – also nicht jeden Kampf mit voller Kapitulation mitzugehen. Wenn wir es schaffen, dem Kunden echten Mehrwert zu bieten und das klar zu vermitteln, kann sich der Fokus von Schnäppchenjagd zu bewusstem Einkauf verschieben. Und ja, das ist eine Herausforderung, aber auch eine Chance, die aus diesem scheinbar aussichtslosen Preiskrieg herausführt.

Das Wichtigste ist: Man ist nicht allein mit dieser Erfahrung. Viele in der Branche teilen den Frust und die Zweifel – und doch sind es oft gerade diejenigen, die sich von diesem

Druck nicht brechen lassen, die am Ende einen nachhaltigen, gesunden Weg finden. Die Balance zwischen Marktanforderungen und wirtschaftlichem Verstand zu finden, ist schwierig – aber machbar.

Vielleicht ist das der Moment, um gemeinsam nach neuen Wegen zu schauen. Verhandlungsstrategien denken neu, das Sortiment smarter zu gestalten, Kommunikation stärker zu fokussieren oder den Kunden erlebbar zu machen, dass günstig nicht immer besser ist. Ein langer Weg – aber einer mit Sinn und Perspektive.

Ich wünsche allen, die in diesem Dilemma immer wieder kleine Erfolge finden, die sie motivieren und vorantreiben. Denn auch wenn der Preiskampf hart ist – das Ziel, wirtschaftlich und mit Überzeugung zu handeln, lohnt sich immer.

Ich hoffe, diese Zeilen sprechen dem Handel Mut zu und zeigen, dass das Gefühl und die Haltung wertvoll sind. Manchmal braucht es einfach ein offenes Ohr und ein freundliches Wort im rauen Marktgetriebe.

Es ist eine aufregende Zeit, diese Jahreszeit um den Black Friday herum. Überall strahlen bunt blinkende Anzeigen, und die Verlockung der Rabatte ist so gross, dass selbst der kühlste Verstand weich wird. Doch hinter all dem Glanz und Glamour sehe ich auch ganz klar Deine Sorgen und Zweifel – und ich glaube, Du bist nicht allein damit.

Du sprichst von einem bedeutungsvollen Punkt: Wenn ein Kunde im November bereits einen Fernseher mit 50 % Rabatt kauft, warum sollte er dann – nur wenige Wochen später, kurz vor Weihnachten – noch einmal zugreifen, wenn es das gleiche Produkt vielleicht sogar noch günstiger gibt? Genau hier liegt das Dilemma, das viele kleine und mittlere Händler spüren. Statt eines wachsenden Umsatzes werfen die Black-Friday-Angebote das Weihnachtsgeschäft schlichtweg durcheinander.

Man kann förmlich spüren, wie die Wochen nach dem 30. November ruhiger werden. Das bunte Treiben verebbt, die Schaufenster schmücken sich plötzlich komplett in den Farben des Januars, und die Hoffnung auf die Nachzügler im Weihnachtsgeschäft wächst. Vielleicht gibt es noch jene Käufer, die ihr Geld gespart haben und jetzt – im neuen Jahr – zugreifen. Doch das reicht selten aus, um die Verluste der vorgezogenen Schnäppchen auszugleichen. Und so entsteht die bittere Erkenntnis: Die Black-Friday-Mail bringt den Einzelhandel nicht wirklich voran, sondern raubt ihn sogar teilweise.

Du fragst Dich berechtigterweise, warum gerade jene, die in grossen Konzernen sitzen und hochintelligent strategisch agieren sollen, diesen Teufelskreis nicht durchschauen. Warum sie Jahr für Jahr immer wieder mitziehen, obwohl die Zahlen doch offenbar dagegensprechen. Vielleicht steckt hier eine Mischung aus Angst und Wettbewerb dahinter:

Wenn alle mitmachen, kann man wohl kaum aussteigen, ohne den Anschluss zu verlieren. Vielleicht ist es auch schlicht das Gefühl, dass man den Kunden etwas bieten muss, was sie nicht ablehnen können.

Für uns Konsumenten hingegen ist das ein Fest – warum nicht zu günstigen Preisen einkaufen? Wir freuen uns, sparen Geld, und oft profitieren wir selbst davon. Es gibt ein gutes Gefühl, echte Schnäppchen zu ergattern. Und das ist auch okay! Es ist nur so, dass hinter diesen Jubelrufen oft eine unsichtbare Geschichte verborgen bleibt, die erzählt, wie die kleinen Händler kämpfen, wie das lokale Gewerbe an Stabilität verliert. Denn ein gesunder Einzelhandel ist mehr als nur kurzfristige Umsätze – er ist die Seele unserer Städte, der Arbeitsplatz vieler Menschen und ein Ort, der persönlich und einzigartig bleibt.

Vielleicht ist genau dieses Bewusstsein der erste Schritt: Wenn wir verstehen, dass dieses Rennen um den billigsten Preis nicht nachhaltig ist, können wir als Gesellschaft überlegen, wie wir es besser machen. Vielleicht sind es nicht die grossen Rabattschlachten, die uns erhalten, sondern echte Beratung, besondere Erlebnisse und Vertrauen. Vielleicht braucht es keinen Black Friday, sondern einen „Value Friday" – einen Tag, an dem Qualität und Fairness gefeiert werden.

Ich kann Deine Frustration gut nachempfinden und möchte dem Handel Mut machen: Die Beobachtungen sind wertvoll. Sie zeigen, dass es auch andere Wege geben muss. Wege, die nicht nur kurzfristige Käufer gewinnen, sondern auf lange Sicht das Überleben des Detailhandels sichern. Deine ehrliche Sicht auf das Thema trägt dazu bei, dass wir alle besser verstehen, wie unser Konsumverhalten den Handel prägt.

Lass uns gemeinsam hoffen, dass in Zukunft mehr Manager und Entscheider genau diese Stimmen hören – die von Menschen wie Dir, die das Herz am richtigen Fleck haben – und vielleicht den Mut finden, die Trends neu zu denken. Denn echte Nachhaltigkeit im Handel beginnt nicht mit Ausverkaufsraten, sondern mit der Balance zwischen Angebot, Nachfrage und Wertschätzung. Und das ist eine Geschichte, die gerade erst erzählt werden will.

Fehler Nr. 4
Wenn die Magie verloren geht: Warum manche Portale und
Ketten einfach verschwinden

Es gibt wohl kaum etwas Traurigeres in der Welt der
Geschäfte und Dienstleistungen als den langsamen,
manchmal schmerzhaften Untergang von Portalen oder
Ketten, die einst voller Leben waren. Warum passiert das?
Warum verschwinden erfolgreiche Plattformen oder
charmante Läden, die man einst geliebt hat? Genau das ist
Fehler Nr. 4 – und es ist gleichzeitig eine menschliche,
greifbare Geschichte von Wandel, Verlust und oftmals auch
von verpassten Chancen.

Das Schlimmste daran ist: Es geschieht nicht einfach so aus
Zufall. Oft ist es das Ergebnis eines teuren Spiels, das an
einem anderen Ort auf dem Weg nicht mehr aufgeht. Die
Kosten steigen, der Kunde entfernt sich langsam, manchmal
unbemerkt. Plötzlich wirkt ausgerechnet das einst so
beliebte Portal oder die Kette nicht mehr „sexy" – nicht mehr
modern, anziehend oder interessant. Die Nutzer suchen
anderswo ihr Glück, und die einst blühende Marke steht auf
einmal auf dünnem Eis.

Und genau hier fängt das Herzweh an. Denn neben den
wirtschaftlichen Realitäten steckt oft auch ein Stück verloren
gegangene Leidenschaft dahinter. Wenn grosse Ketten
einsammeln, was andere nicht mehr tragen oder manch
einer im Management die richtige Vision vermissen lässt,

wird die Aura dieser Portale häufig getrübt. Missmanagement – oft unterschätzt, aber verheerend – spielt eine Schlüsselrolle. Mangelnde Innovation, fehlendes Kundenverständnis oder einfach das Versäumen, den Puls der Zeit zu fühlen, lassen die Magie verblassen.

Doch warum erzähle ich das mit einem so mitfühlenden Ton? Weil hinter all diesen Entwicklungen Menschen stehen. Menschen, die ihre Träume in ein Portal oder eine Kette gesteckt haben, Unternehmer, die schlaflose Nächte hatten, Mitarbeiter, die mit Begeisterung dabei waren und Kunden, die sich verbunden fühlten. Und genau das macht den Verlust so schwer: Es ist nicht nur eine geschäftliche Niederlage, sondern ein Stück Gemeinschaft, das verloren geht.

Doch darf man auch nicht den Mut verlieren! Fehler Nr. 4 lehrt uns auch, wie wichtig es ist, am Ball zu bleiben, ständig zu hören, was die Kunden wollen und vor allem leidenschaftlich und innovativ zu bleiben. Denn aus jedem Ende kann auch ein neuer Anfang erwachsen. Die, die diesen Wandel spüren und darauf reagieren, können neue, einzigartige und vor allem begehrte Marken schaffen – lebendig, frisch und voller Energie.

Also sehen wir Fehler Nr. 4 nicht nur als eine traurige Geschichte, sondern als eine Einladung: Eine Einladung, niemals die Verbindung zu den Menschen zu verlieren, die einem Unternehmen das Leben schenken. Denn letztlich sind wir es, die einen Laden „sexy" machen – mit Begeisterung, mit Liebe zur Sache und mit dem Mut, immer wieder neu zu erfinden.

Und wer weiss? Vielleicht wird genau aus dem, was heute zerbricht, schon morgen etwas Grossartiges geboren.

EPA

Die Geschichte der EPA ist eine Geschichte voller Wandel, Vertrauen und gemeinsamer Werte – eine Geschichte, die tief in den Herzen vieler Menschen verankert ist. Bereits im Jahr 1930 wurde die EPA als Discount-Warenhauskette gegründet. In einer Zeit, in der das Wirtschaftsgeschehen noch stark von Herausforderungen geprägt war, öffnete EPA die Türen zu einer Welt, in der Qualität und Erschwinglichkeit Hand in Hand gingen. Für viele Familien wurde sie schnell zu einem verlässlichen Ort – einem Ort, an dem Einkaufen nicht nur eine Notwendigkeit, sondern ein Erlebnis war.

Von Anfang an war EPA mehr als nur ein Geschäft – sie war Teil des Alltags, Teil der Gemeinschaft. Man spürte, dass hier Menschen arbeiteten, die verstanden, worauf es ankommt: auf Vertrauen, auf Nähe und auf das Gefühl, gut aufgehoben zu sein. Die 30 Filialen, die sich im Laufe der Jahrzehnte im ganzen Land etablierten, waren nicht nur

Verkaufsstellen, sondern Treffpunkte für viele, die Wert auf faire Preise und gute Beratung legten.

Im Jahr 2001 begann dann ein neues Kapitel in der EPA-Geschichte. Die 30 Filialen wechselten erstmals den Besitzer – ein Moment, der sicher sowohl Hoffnungen als auch Unsicherheiten mit sich brachte. Doch gerade in solchen Zeiten wird deutlich, wie wichtig es ist, dass ein Unternehmen nicht nur durch seine Produkte, sondern vor allem durch seine Werte getragen wird. Und genau das zeigte sich bald.

Nur ein Jahr nach dem Eigentümerwechsel betrat ein neuer Verbündeter die Bühne: Coop. Mit dem Erwerb von 40 Prozent der Aktien zeigte Coop klar, dass man an die Zukunft der EPA glaubt und das Potenzial erkennt, das in dieser Traditionsmarke steckt. Dieses Vertrauen war ein entscheidender Schritt, der Sicherheit und Stabilität versprach.

2003 war dann der grosse Moment gekommen: EPA ging vollständig in den Besitz von Coop über. Für viele war das nicht nur ein blosser Wechsel im Besitz – es war das Zeichen, dass EPA nun Teil einer starken Gemeinschaft ist. Coop brachte nicht nur seine umfangreiche Erfahrung und Ressourcen mit, sondern auch das Herz am rechten Fleck – ein Herz, das versteht, wie wichtig es ist, Werte zu bewahren und auf die Menschen einzugehen.

Heute, wenn man durch eine EPA-Filiale geht, spürt man diesen Geist noch. Es ist das Ergebnis von Generationen, die hart daran gearbeitet haben, ein Einkaufserlebnis zu schaffen, das mehr ist als nur der Kauf von Waren. Es ist die Geschichte von Menschen, die verstanden haben, dass hinter jedem Kunden eine Geschichte steht, oft voller Hoffnungen, Träumen und Herausforderungen.

EPA ist und bleibt ein Ort, an dem Qualität auf Erschwinglichkeit trifft – und wo das Miteinander zählt. Eine Reise, die mit Mut und Vertrauen begann und bis heute weitergeht. Es ist eine Geschichte, die zeigt: Veränderungen können Chancen sein, wenn man sie mit Herz und Verstand angeht. Und genau das spürt man, wenn man heute den Namen EPA hört – die Geschichte lebt weiter, mit jedem Einkauf, jedem Lächeln, jeder Begegnung.

ABM

Im Jahr 1956 begann eine interessante Geschichte – die Geburtsstunde der Warenhauskette ABM. Mit einem klaren Ziel vor Augen und grossem unternehmerischem Denken startete das Unternehmen in eine vielversprechende Zukunft. Schon bald war ABM nicht mehr nur ein einfacher Laden – es wurde zu einem festen Bestandteil des Schweizer Einzelhandels. Mit stolzen 60 Standorten und einem beeindruckenden Umsatz von 700 Millionen Schweizer Franken erreichte die Kette ihre glanzvollsten Zeiten. Besonders bemerkenswert war die Expansion über die

Grenzen hinweg: ABM wagte den Schritt nach Österreich und setzte damit ein Zeichen für internationale Ambitionen.

Doch wie bei vielen grossen Geschichten verlaufen auch hier nicht alle Wege geradlinig weiter nach oben. Die 1990er-Jahre brachten für ABM schwierige Zeiten. Missmanagement und anhaltende wirtschaftliche Herausforderungen führten das Unternehmen tief in die roten Zahlen – eine Phase, die sicherlich auch für die Mitarbeitenden und alle, die ABM verbunden waren, mit Sorgen und Unsicherheit gefüllt war. 1996 musste ABM schweren Herzens die österreichischen Filialen aufgeben – ein schmerzhafter Einschnitt, der die Herausforderungen jener Jahre deutlich spiegelte.

Doch die Geschichte endet hier nicht. Schon 2000 wurde ein neuer Weg eingeschlagen, als Globus 30 ehemalige ABM-Läden übernahm und diese unter der Marke Oviesse als Franchising-Filialen weiterführte. Das war ein Schritt, der nicht nur den Fortbestand der Läden sicherte, sondern auch für viele Mitarbeitende eine neue Perspektive eröffnete. Dennoch zeichnete sich ab, dass die ABM-Ära langsam endete. 2004 schliesslich erfolgte der endgültige Ausstieg – die verbliebenen 24 Standorte sowie 230 Mitarbeitende wurden von der C&A-Gruppe übernommen. So fand ein Präzedenzfall in der Schweizer Handelslandschaft sein vorläufiges Ende – aber auch einen neuen Anfang für viele Beteiligte.

Diese Geschichte von ABM erzählt nicht nur von Erfolg und Wachstum, sondern auch von Herausforderungen, Wandel und der Kraft, sich neu zu orientieren. Hinter jeder Zahl stecken Menschen, Mitarbeiterinnen und Mitarbeiter, Kundinnen und Kunden – deren Alltag von Unsicherheiten ebenso geprägt war wie von Hoffnung und der Suche nach Neuem. ABM ist ein Beispiel dafür, wie wirtschaftliche Entwicklungen immer auch menschliche Geschichten mit sich bringen und wie wichtig es ist, gerade in schwierigen Zeiten zusammenzuhalten und nach vorn zu blicken. Ein Stück Schweizer Handelsgeschichte, das uns daran erinnert, dass jede Unternehmensreise Höhen und Tiefen kennt, und dass sie gerade in den schwierigen Momenten Mut und Empathie benötigt, um neue Chancen zu ergreifen.

WARO

In den 1970er-Jahren war die Schweiz Zeuge eines kleinen Wunders des Einzelhandels: Die Waro AG eröffnete ihre ersten riesigen Einkaufstempel und brachte damit frischen Wind in das Einkaufserlebnis vieler Schweizerinnen und Schweizer. Plötzlich wurde aus dem normalen Einkauf eine Entdeckungsreise durch grosszügige Gänge, prall gefüllte Regale und eine Vielfalt, die zuvor kaum vorstellbar war. Für viele war Waro mehr als nur ein Laden – es war ein Ort des Staunens, des Geniessens und des gemeinsamen Einkaufens mit Familie und Freunden. Man spürte die Begeisterung und die Aufbruchsstimmung jener Zeit, in der Konsum noch etwas Neues und Fesselndes war.

Der Erfolg gab der Waro AG recht: Anfang der 1990er-Jahre hatte sich das Unternehmen so stark etabliert, dass es für andere Detailhändler unverzichtbar wurde. Denner, der damals auf der Suche nach Expansion und Marktanteilen war, erkannte das Potenzial der Waro-Märkte. 1994 kam es zur Übernahme, und viele hofften auf eine glorreiche gemeinsame Zukunft. Doch die Geschichte nahm eine weniger glückliche Wendung: Bereits fünf Jahre später entschied Denner, sich von den Waro-Läden wieder zu trennen. Dieses abrupte Ende hinterliess bei vielen Kundinnen und Kunden nicht nur Überraschung, sondern auch ein leises Gefühl des Verlusts. Die vertrauten Einkaufstempel, die viele ins Herz geschlossen hatten, standen plötzlich auf der Kippe.

Doch in jeder Geschichte gibt es auch einen Hoffnungsschimmer: Im Jahr 2003 fand sich mit Coop ein neuer «Retter» für die 28 Waro-Märkte. Auch wenn die Waro-Märkte damals gut liefen und weiterhin stolz in der Schweizer Einzelhandelslandschaft standen, war Coop nicht daran interessiert, die Marke Waro weiterzuführen. Es war eine Entscheidung, die auf der Geschäftsebene wohl Sinn ergab, doch auf menschlicher Ebene war sie eine Herausforderung – besonders für die treuen Stammkundinnen und -kunden, die sich so sehr mit Waro identifizierten. Stück für Stück wurden die riesigen Flächen von rund 70'000 Quadratmetern in Coop-Filialen umgewandelt; aus den einst staunenswerten

Einkaufstempeln entstanden bekannte und vertraute Coop-Läden.

Diese Entwicklung steht sinnbildlich für viele Veränderungen in unserem Alltag: Dinge, die uns einst begeisterten, müssen sich wandeln – manchmal auf unerwartete Weise. Es ist ein Prozess, der mit Wehmut verbunden sein kann, aber auch mit der Hoffnung auf Neues, das kommt. Die Waro AG hat eine Ära geprägt, die noch heute vielen in guter Erinnerung bleibt. Und obwohl die Marke heute nicht mehr existiert, lebt ihr Geist in den Geschichten und Erinnerungen weiter – in denen, die damals staunten, einkauften und Freude an den grossen Einkaufstempeln fanden.

Vielleicht ist die Geschichte der Waro auch eine Erinnerung daran, wie wichtig es ist, Veränderungen mit offenem Herzen zu begegnen. Denn hinter jedem Wandel stecken Menschen – mit ihren Hoffnungen, Erinnerungen und ihrem Lebensgefühl. Die Waro-Story zeigt uns nicht nur den Wandel des Detailhandels, sondern auch, wie sehr uns solche Orte verbinden und begleiten – weit über das Geschäftliche hinaus. Und das macht die Geschichte der Waro AG so lebendig und berührend, auch heute noch.

Primo und Vis-à-Vis
In den weiten Gassen und beschaulichen Dörfern der Schweiz gab es einst einen ganz besonderen Ort, an dem sich

Menschen zum Einkaufen trafen: die kleinen Primo- und Vis-à-Vis-Läden. Diese Läden waren mehr als nur Geschäfte – sie waren Treffpunkte, ein Stück Heimat im Alltag vieler Familien. Hinter diesen vertrauten Namen verbarg sich ein Netzwerk unabhängiger Detailhändler, das von der Usego beliefert wurde – einem Unternehmen, das mit Leidenschaft als Einkaufs- und Logistikpartner fungierte.

Die Geschichte der Usego ist eine Geschichte von Mut, Hoffnungen und grossen Träumen. Besonders ab den 70er-Jahren versuchten die Verantwortlichen mit viel Engagement und Leidenschaft, die Usego als die «dritte Kraft» im Schweizer Detailhandel neben den Giganten Migros und Coop zu etablieren. Man wollte dem Handel mehr Vielfalt und Nähe zum Kunden bieten, eine Alternative schaffen, die in der Gemeinschaft wurzelt.

Die Usego war mehr als nur ein Lieferant – sie war eine Brücke zwischen den kleinen Läden und der Welt der grossen Märkte. Rund 4000 Läden in der ganzen Schweiz hatten das Glück, von der Usego beliefert zu werden, was den Menschen vor Ort Qualität und Frische brachte. Die Gespräche an der Ladentheke, das vertraute Gesicht, das die Regale auffüllte, all das machte den Einkauf zu einem Erlebnis.

Doch trotz aller Bemühungen blieben die Hoffnungen, Usego als dritte Kraft im Detailhandel zu etablieren, oft unerfüllt. Immer wieder stellten sich Herausforderungen in den Weg, das Marktgefüge war hart, und die Konkurrenz mit den Branchenriesen blieb schwierig. Doch die Usego gab nie auf, versuchte es immer wieder – mit Herz, mit Mut und mit dem Glauben an ihre Rolle in der Gemeinschaft.

2003 kam ein entscheidender Wendepunkt: Die Usego, die mittlerweile als Bon Appetit Group firmierte, wurde von der deutschen Rewe Group übernommen. Für viele war das eine Zeit des Umbruchs und der Unsicherheit. Die Lieferungen an die vertrauten Primo- und Vis-à-Vis-Läden wurden bald eingestellt, und die beiden Marken wechselten 2005 den Besitzer – fortan gehörten sie zu Volg.

Unter Volg verblassten die ursprünglichen Marken langsam, fortwährend verschwanden Primo und Vis-à-Vis aus der Schweizer Ladenlandschaft. Für viele Kundinnen und Kunden bedeutete das einen Verlust: Ein Stück Vertrautheit, ein Stück Alltag, das nun nur noch Erinnerung war.

Doch trotz allem bleibt die Geschichte von Primo, Vis-à-Vis und der Usego ein eindrucksvolles Zeugnis von Engagement, von dem Wunsch nach Nähe und von der Bedeutung kleiner Detailhändler, die für ihre Gemeinden mehr waren als blosse Einkaufsmöglichkeiten. Sie waren Orte der Begegnung, gewachsen aus menschlicher Verbindung – und gerade deshalb bleiben sie in den Herzen vieler Menschen lebendig.

In einer Welt, die sich immer schneller dreht, erinnert uns diese Geschichte daran, wie wichtig es ist, die kleinen Dinge und die vertrauten Orte zu schätzen. Denn genau dort, wo Gemeinschaft spürbar wird, entsteht auch jene Wärme, die unseren Alltag besonders macht. So lebt die Erinnerung an Primo, Vis-à-Vis und die Usego weiter – als Symbol für eine vergangene Ära, die uns bis heute berührt.

Charles Vögele

Kurz vor der Jahrtausendwende war Charles Vögele ein strahlender Stern am Himmel des europäischen Bekleidungshandels. Das 1955 gegründete Unternehmen hatte sich über Jahrzehnte hinweg nicht nur einen Namen gemacht, sondern war zu einem der grössten Bekleidungs-Einzelunternehmen Europas avanciert. Für viele Menschen bedeutete Charles Vögele mehr als nur Kleidung – es war ein Teil des Alltags, ein Ort, an dem man sich gerne inspirieren liess, um den eigenen Stil zu finden und auszudrücken.

Doch wie so viele Geschichten im Geschäftsleben ist auch diese geprägt von Höhen und Tiefen. In den folgenden Jahren nach dem Jahrtausendwechsel begann sich das Blatt langsam zu wenden. Die Zeichen der Zeit wurden spürbar: Neue Wettbewerber, veränderte Kundenbedürfnisse und der rasant voranschreitende Online-Handel setzten dem Traditionsunternehmen zu. Der Umsatz von Charles Vögele fiel kontinuierlich, die rot blinkenden Zahlen in den Bilanzen wurden zur unerbittlichen Realität.

Man kann sich gut vorstellen, wie schwer diese Phase für alle Beteiligten gewesen sein musste. Für die Mitarbeitenden, die ihre Energie in das Unternehmen steckten, für die Kunden, die an das Versprechen von Qualität und Stil glaubten, und für die Verantwortlichen, die alles versuchten, um die Wende zu schaffen. Doch der letzte operative Gewinn wurde ausgerechnet im Jahr 2010 erzielt – seither zeigte die Kurve nach unten.

2016 markierte dann das Ende einer Ära: Die Charles Vögele Mode AG wurde an den italienischen Kleiderkonzern OVS verkauft. Ein Schritt, der mit gemischten Gefühlen aufgenommen wurde. Für viele war es der Abschied von einem Stück Schweizer Handelsgeschichte, für andere eine notwendige Chance auf Neuanfang. OVS wandelte die Schweizer Standorte in eigene Verkaufsstellen um, während die ausländischen Filialen von Charles Vögele an verschiedene Interessengruppen verkauft wurden.

Diese Entwicklung erzählt von Wandel, von Herausforderungen und von der ständigen Notwendigkeit, sich anzupassen – eine Realität, die viele Unternehmen trifft, aber niemals die Erinnerung an das, was sie einst gross gemacht hat, auslöschen kann. Charles Vögele bleibt ein Synonym für eine Zeit, in der Mode und Unternehmergeist lebendig und greifbar waren. Und auch wenn das Kapitel

nun geschlossen ist, lebt der Geist des Unternehmens weiter
– in den Geschichten der Menschen, die dort gearbeitet und
eingekauft haben, in der Unternehmenskultur, die Spuren
hinterlassen hat, und in der Modewelt, die sich ständig neu
erfindet.

Es ist eine Geschichte, die uns daran erinnert, mit Respekt
und Verständnis zurückzublicken – auf Erfolge und auf
Herausforderungen, auf Zusammenhalt in schwierigen
Zeiten und auf die Kraft, die Veränderung mit sich bringt.
So endet nicht nur das Kapitel von Charles Vögele, sondern
beginnt vielleicht an einem anderen Ort auch eine neue
Geschichte.

Pick Pay

Es war einmal ein Name, der in der Schweizer
Einzelhandelslandschaft fest verankert war: Pick Pay.
Gegründet im Jahr 1968, stand Pick Pay als Synonym für
Sparen, Bodenständigkeit und den unkomplizierten
Discounter, den viele Kundinnen und Kunden liebten. Für
Jahrzehnte war Pick Pay nicht nur ein Ort, um günstig
einzukaufen, sondern auch ein Stück Alltagssicherheit – eine
kleine, verlässliche Insel im oft lauten
Grossmarktgeschehen.

Doch wie es im Leben oft geschieht, kann sich die Welt
schnell verändern. Im Jahr 2003 begann die Geschichte von
Pick Pay eine Wendung zu nehmen – eine Geschichte, die
uns daran erinnert, wie komplex und fragil Erfolg sein kann,

wenn grosse Konzerne und Machtspiele ins Spiel kommen. Die Übernahme des Mutterkonzerns, Bon Appetit Group, durch die Rewe Group sollte Pick Pay eigentlich neuen Schwung geben. Doch schnell stellte sich heraus: Die Hürden waren höher, als man ahnte.

Rewe stand vor einer grossen Herausforderung. Viele Pick-Pay-Filialen lagen in Migros-Immobilien – und die Mietverträge waren kurzfristig unkündbar. Die Arme gebunden, versuchte Rewe, das Beste daraus zu machen: Ein gemeinsames Joint-Venture mit der Migros wurde angestrebt, eine Partnerschaft, die beide Seiten stärken sollte. Man konnte fast spüren, wie die Hoffnung flackerte: Vielleicht würden alte Rivalitäten verblassen, um Platz für Neues zu schaffen.

Doch gerade als dieses Bündnis greifbar wurde, passierte das Unerwartete. Rewe ging eine Kooperation mit Coop ein – dem grossen Rivalen der Migros. Diese Entscheidung war wie ein Funke in einem Pulverfass. Die Migros reagierte empört, enttäuscht und fest entschlossen, ihre Position zu verteidigen. Was folgte, hatte beinahe schon Züge eines Wirtschaftskriegs: Ein Rosenkrieg, der nicht nur von strategischen Schachzügen geprägt war, sondern auch von Enttäuschung und Verletzungen auf beiden Seiten.

Die Migros kündigte an, die Mietverträge der Pick-Pay-Filialen fortwährend aufzulösen. Eine stille, aber gnadenlose Strategie, Pick Pay langsam, aber sicher vom Markt zu drängen. Für viele langjährige Mitarbeitende und treue Kundinnen und Kunden fühlte sich dies an wie ein schleichender Abschied von etwas Vertrautem, fast wie das Verlieren eines alten Freundes.

Und so kam es, dass Pick Pay, der einst stolze Discount-Pionier, Schritt für Schritt aus dem Bild verschwand. Im Jahr 2005 übernahm Denner, der ebenfalls zu Rewe gehörende Discounter, die noch verbliebenen Standorte. Die guten Lagen wurden in Denner-Filialen verwandelt, der Rest geschlossen. Ein Ende, das für viele einen bittersüssen Nachgeschmack hatte.

Wenn man heute zurückblickt, spürt man nicht nur die Kräfte von Markt und Macht, sondern auch die menschliche Seite dieser Geschichte. Die Hoffnungen, die Enttäuschungen, die Momente des Aufbruchs und die schmerzhaften Abschiede. Pick Pay war mehr als nur ein Discounter – es war Teil vieler Leben, von Gemeinschaften und von ganz persönlichen Geschichten.

Vielleicht ist das eine Erinnerung daran, wie wichtig es ist, Veränderungen mit Empathie zu begegnen – für die Menschen, die hinter Marken stehen, und für jene, die sie täglich begleiten. Denn hinter jedem Geschäft steckt eine Geschichte, die erzählt werden will – mit Herz und Verstand.

City Disc

City Disc – Eine kleine Schweizer Erfolgsgeschichte mit Höhen und Tiefen

Stell dir vor: Es war das Jahr 1985, als die Maus Frères Holding, die bekannte Inhaberin von Manor, den Medienanbieter City Disc ins Leben rief. Eine wahre Pionierleistung! City Disc wurde schnell zur Nummer zwei auf dem Schweizer Markt – direkt hinter dem Branchenriesen Ex Libris. Für viele war City Disc der vertraute Ort, wenn es um Musik, Filme und Medien aller Art ging. Diese Läden waren nicht nur Shops, sie waren kleine kulturelle Treffpunkte, an denen man die neuesten Platten oder Bestseller entdeckte, sich inspirieren liess und herzlich bedient wurde. Wer einmal einen City-Disc-Laden betreten hatte, spürte sofort: Hier steht der Kunde im Mittelpunkt.

Doch wie es bei vielen Geschichten des Wandels so ist, blieb auch City Disc nicht von Veränderungen verschont. Ab dem Jahr 2001 wechselte die Marke gleich dreimal den Besitzer. Man kann sich vorstellen, wie das für Mitarbeiter und treue Kundschaft war – ständig neue Führung, neue Ideen, immer wieder Unsicherheit und das Hoffen auf Kontinuität. Trotz aller Herausforderungen wuchs City Disc weiter, und im Jahr 2009 befanden sich stolze 24 Standorte in der ganzen Schweiz.

Dann kam Orange – ein grosser, innovativer Mobilfunkanbieter, der City Disc kaufte und mit grossen

Plänen in eine neue Zukunft führen wollte. Orange versuchte, dem bekannten Ladenkonzept frischen Wind einzuhauchen. Sie verwandelten einige Filialen in sogenannte „Orange City Disc Shops" – eine geniale Idee, die Medien und Mobilfunk zusammenbringen sollte. Doch leider hielt die Magie nicht lange an. Nach nur drei Jahren wurde klar, dass dieses Konzept nicht den gewünschten Erfolg brachte. Die Welt verändert sich rasant, und manchmal passen Visionen und Realität einfach nicht zusammen. Orange entschied sich schweren Herzens, die Shops wieder zurück in gewöhnliche Handy-Läden umzuwandeln und sich wieder voll auf ihr Kerngeschäft zu konzentrieren.

Emotionen, die zurückbleiben

Für viele war das mehr als nur ein bisschen Wehmut. City Disc war für zahlreiche Menschen kleine Erinnerungsinseln vergangener Zeiten, an denen sie ihre Lieblingsmusik fanden oder besondere Momente teilten. Es ist schwer, wenn so eine vertraute Marke verschwindet – man fühlt den Verlust, die Veränderung. Doch im digitalen Zeitalter gibt es immerhin einen Silberstreif: City Disc lebt weiterhin online als Webshop. Zwar nicht mehr unter Orange oder Salt, sondern nun eigenständig unterwegs. So können Fans und Medienliebhaber zumindest virtuell weiterhin stöbern und entdecken.

Vielleicht steckt gerade in dieser Geschichte auch ein bisschen Hoffnung: Wandel ist unvermeidlich, doch was war, bleibt – in unseren Erinnerungen, in kleinen Momenten, die uns lieb und teuer sind. City Disc zeigt uns, wie wichtig es ist, flexibel zu sein, sich anzupassen – und dabei dennoch nie den Menschen aus den Augen zu verlieren, der an der anderen Seite steht.

So blicken wir zurück mit einem Lächeln und etwas Wehmut, aber auch mit Vorfreude auf das, was noch kommt. Denn manchmal bedeutet ein Ende auch einen neuen Anfang – an beliebiger Stelle. Und wer weiss, vielleicht pulsiert der Geist von City Disc an beliebiger Stelle zwischen den Melodien der Zeit weiter, inspiriert neue Ideen und berührt Herzen – digital und ganz persönlich.

Es war einmal eine Zeit, in der die Einkaufstrassen und Einkaufswelten der Schweiz von vielen grossen Namen geprägt wurden – Namen, die für Vertrautheit, Qualität und manchmal auch für kleine Abenteuer beim Einkaufen standen. Doch wie in jedem Kapitel des Lebens schreibe ich auch hier Geschichten von Wandel, Abschied und Neuanfang.

Im Herzen von Zürich schloss 2024 das legendäre Warenhaus **Jelmoli** seine Türen. Für viele war Jelmoli mehr als nur ein Geschäft – es war ein Treffpunkt, ein Ort voller Erinnerungen an unzählige Einkaufstage, sonnige Nachmittage und festliche Vorbereitungen. Der Abschied fällt schwer, denn Jelmoli war ein Stück Zürcher Identität. Doch hinter dem Schliessen steckt nicht nur das Ende, sondern auch die Chance, Platz zu schaffen für Neues – für frischen Wind, der vielleicht bald die Einkaufswelt bereichert.

Athleticum, einst ein vertrauter Name für Sportbegeisterte in der Schweiz, wurde 2024 von Decathlon übernommen. Dieser Übergang bedeutet auch eine neue Ära für Sportliebhaber, die sich nun auf ein noch vielfältigeres Angebot und kreative Innovationen freuen dürfen. Manchmal ist eine Übernahme auch einfach eine Brücke – weg von Unsicherheit, hin zu frischer Energie und neuen Möglichkeiten.

Schild, einst eines der bekanntesten Schweizer Warenhäuser, lebt in den Erinnerungen weiter. Ein Ort, an dem Generationen ihre Lieblingsprodukte gefunden haben, der aber sich ebenfalls dem Wandel der Zeit nicht entziehen konnte. Die Marktplätze verändern sich, und so wandelt sich auch das, was einst war. Doch diese Erinnerung bleibt wertvoll und erzählt von einer Zeit, in der Einkaufen noch mehr war als ein Verkauf – es war ein Erlebnis.

Microspot, einst eine feste Grösse im Onlinehandel, musste seine Tore schliessen, als Coop entschied, sich neu zu fokussieren. Finanzen und strategische Prioritäten zwangen zur Aufgabe der Marke – zugunsten des Interdiscount-Onlineshops. Für viele Kunden bedeutete dies eine

Umstellung, vielleicht auch einen Verlust eines vertrauten Anbieters. Doch hinter dieser Entscheidung steckt die Herausforderung eines modernen Marktes, der Flexibilität und klare Ausrichtung verlangt.

Die PCP.COM Gruppe und ihre Marken – Steg Electronics, Techmania, PC Ostschweiz – mussten wegen fehlender Finanzierung aufgeben. Es ist berührend zu sehen, wie hart um Lösungen gerungen wurde, wie intensiv die Suche nach Investoren war. Doch manchmal reicht selbst der grösste Kampf nicht aus, wenn Liquiditätsengpässe und aufgehobene Kreditlinien eine bittere Realität schaffen. Auch hier: kein Ende ohne den Schmerz des Abschieds, aber auch der Respekt vor dem unermüdlichen Einsatz aller Beteiligten.

Und dann **Melectronics**, das Fachmarkt-Unternehmen, welches durch die strategische Neuausrichtung der Migros seine aktive Rolle im Markt verlor. Die Entscheidung der Migros, sich auf ihr Kerngeschäft zu konzentrieren, zeigt, wie schwierig und komplex die heutige Handelswelt ist. Die Fachmärkte wurden als nicht mehr zukunftsträchtig eingeschätzt – eine nüchterne, aber für viele schmerzhafte Erkenntnisse. Doch die Zeit bringt immer wieder neue Chancen – auch wenn der Weg dahin manchmal dunkel scheint.

Diese Geschichten sind mehr als nur Nachrichten über Schliessungen und Übernahmen – sie berühren uns, weil dahinter Menschen stehen. Mitarbeiter, die ihre Herzensarbeit verlieren, Kunden, die vertraute Orte vermissen, und Unternehmen, die mutige Entscheidungen treffen müssen. Es ist eine Erinnerung daran, dass Wandel oft auch Schmerz bedeutet, aber auch hoffnungsvolle Perspektiven birgt.

So endet ein Kapitel, doch gleichzeitig beginnt ein neues. Die Schweiz steht nicht still – sie lebt und wächst weiter, getragen von der Kreativität, den Visionen und dem Engagement vieler Menschen. Die Abschiede lehren uns, Werte zu schätzen und mutig in die Zukunft zu blicken.

Möge die Erinnerung an Jelmoli, Athleticum, Schild, Microspot, PCP und Melectronics ein Antrieb sein – für neue Ideen, neues Zusammenkommen und die Freude an dem, was noch kommen wird? Denn in jedem Ende wohnt ein neuer Anfang.

Fazit der Fehler – Ein wertvoller Blick auf Entscheidungen und Strategien

Manchmal sind es gerade die Fehler, die uns am meisten lehren – und genau das möchte ich heute mit dir teilen. Oft stehen wir vor der Entscheidung, eine neue Strategie einzuführen. Das fühlt sich aufregend an, denn neue Wege versprechen Wachstum, Veränderung, vielleicht sogar den grossen Durchbruch. Doch hier liegt auch die Herausforderung: Wenn eine Strategie von Beginn an

Zielkonflikte mit sich bringt, dann wird es kompliziert. Das spürst du vielleicht tief im Inneren, wie ein leises Warnsignal, das dich fragen lässt: Ist das wirklich der richtige Weg?

Ich habe gelernt, dass es nicht immer falsch sein muss, eine neue Strategie anzuwenden. Oft steckt enorm viel Potenzial darin. Aber es bringt auch nichts, mit aller Macht an etwas festzuhalten, das von Anfang an schwerfällig und widersprüchlich ist. Das ist wie eine Pflanze, die an einem ungeeigneten Ort gepflanzt wird – sie kämpft und leidet, statt zu blühen. Genau hier empfiehlt es sich, ehrlich mit sich selbst zu sein und abzuwägen: Will ich diese Strategie wirklich einführen und sie vielleicht erst an alten Strukturen ausrichten? Oder wäre es nicht besser, das Alte zur Seite zu legen – ganz zu schliessen – und neu anzufangen? Ein kompletter Neustart bietet die Chance, von Grund auf, mit klaren Zielen und ohne alte Konflikte zu arbeiten.

Natürlich ist auch das Alternativkonzept, das Althergebrachte zu optimieren, nicht zu unterschätzen. Manchmal steckt die Lösung nicht darin, alles über Bord zu werfen, sondern langsam, mit viel Geduld und Augenmass, an den Schrauben zu drehen. Genau das gibt dir Stabilität und Raum zum Wachsen – ohne den Schock eines radikalen Neuanfangs.

Was mich an dieser ganzen Überlegung besonders berührt, ist die persönliche Erfahrung, die dahintersteht. In meinem

Leben, sowohl privat als auch geschäftlich, habe ich oft erlebt: Du weisst immer genau, was du verlässt – das Alte, Vertraute, manchmal auch das Bequeme. Aber das, was vor dir liegt, das Neue – das bleibt zunächst ungewiss. Es ist eine grosse Unbekannte. Das macht Angst, ist aufregend, bringt Hoffnung und Zweifel zugleich.

Und weisst du was? Das ist vollkommen okay. Das Gefühl, das Alte loszulassen, aber nicht zu wissen, was man findet, ist menschlich. Es zeigt, dass du dich bewegst, dass du bereit bist, dich zu verändern. Und das ist ein mutiger Schritt! Jeder, der diesen Weg geht, spürt diese Mischung aus Unsicherheit und Vorfreude. Es ist ein Balanceakt, aber auch eine Einladung, Vertrauen in dich selbst zu haben. In deinen Fähigkeiten, deiner Kreativität und deiner Intuition.

Ich möchte dir heute daher mit auf den Weg geben: Scheue dich nicht vor Fehlern und Konflikten in Strategien. Sie sind Chancen, dich tief mit deinen Zielen auseinanderzusetzen. Überlege wohl, ob du neu starten willst oder optimieren. Und wenn du dich aufmachst ins Unbekannte, sei dir gewiss: Du verlässt etwas Sicheres, doch du findest Raum für etwas, das wachsen darf – manchmal langsam, manchmal plötzlich und strahlend. Und genau das macht das Leben und das Geschäft lebendig und bedeutsam.

Kapitel 5

Was hat sich in den vergangenen Jahren verändert?

Natürlich! Hier ist eine empathische und zugleich enthusiastische Erzählung über die Veränderung im Detailhandel, inspiriert von den Eindrücken aus Kapitel 4:

Es ist beeindruckend, wie sehr sich die Welt des Detailhandels in den vergangenen Jahren verändert hat – und das nicht nur ein wenig, sondern tiefgreifend und mit voller Wucht! Wenn Sie das Kapitel 4 aufmerksam gelesen haben, wissen Sie, dass diese Transformation kein Zufall ist, sondern das Ergebnis eines kontinuierlichen Wandels, der vom Konsumenten selbst ausgeht. Denn genau dieser, der Kunde von heute, ist nicht mehr derselbe wie vor einigen Jahren – er hat sich weiterentwickelt, seine Wünsche, Erwartungen und Verhaltensweisen haben sich verändert, und natürlich hat sich der Handel darauf eingestellt.

Früher war der Einkauf oft eine klare Sache: Man ging in ein Geschäft, schaute sich die Produkte an, nahm sie in die Hand, vielleicht noch ein Gespräch mit dem Verkäufer, und dann wurde gekauft. Doch heute? Die Grenzen zwischen Online- und stationärem Handel verschwimmen immer mehr. Der Kunde will die Freiheit haben, jederzeit und überall einzukaufen – sei es bequem von zu Hause auf dem Sofa oder schnell unterwegs via Smartphone. Das bedeutet aber auch: Die Händler mussten umdenken, innovativ sein, um die Bedürfnisse dieser neuen Generation zu erfüllen.

Und genau hier wurde etwas ganz Besonderes geboren! Neue Ketten, die sich perfekt auf diese neue Realität eingestellt haben. Sie kombinieren geschickt das Beste aus beiden Welten: Online-Plattformen, die mit intelligenten Technologien, personalisierten Angeboten und einer kinderleichten Benutzerführung überzeugen, und stationäre Läden, die als Erlebnisorte fungieren – Orte, an denen man nicht nur einkauft, sondern auch inspiriert wird, Produkte ausprobieren kann und Beratung auf Augenhöhe erhält. Es ist, als ob der Handel eine zweite Jugend erlebt!

Was mich persönlich besonders fasziniert, ist der mutige Schritt vieler mittelständischer Händler und Start-ups, die nicht einfach nur Altes weitermachen, sondern mit frischen Ideen und einem klaren Fokus auf den Kunden neu durchstarten. Sie fühlen genau, wie sehr der Konsument sich ändert und wie wichtig es ist, sein Verhalten, seine Erwartungen wertzuschätzen und darauf einzugehen.

Ich kann mir gut vorstellen, dass diese Entwicklung nicht immer leicht ist. Für viele bedeutet dieser Wandel eine Herausforderung, manchmal sogar Unsicherheit: Wie gelingt es, neben den grossen Online-Riesen zu bestehen? Wie schafft man es, mit der eigenen Identität auch in einer digitalisierten Welt sichtbar zu bleiben? Doch gerade in diesen Herausforderungen steckt auch so viel Potenzial – die Chance, authentisch zu sein, Nähe zu schaffen und gemeinsam mit den Kunden Zukunft zu gestalten.

Am Ende zeigt uns Kapitel 4 hauptsächlich eines: Wandel ist keine Bedrohung, sondern eine Einladung. Eine Einladung, mit neuer Energie und Offenheit auf den Markt zuzugehen. Der Konsument von heute verlangt Veränderung, lädt uns ein, kreativ zu sein und die Handelslandschaft neu zu denken. Und genau das passiert gerade, mit einer Dynamik und Begeisterung, die wirklich ansteckend ist.

Also lassen Sie uns gespannt bleiben, wie sich diese erlebnisreiche Reise weiterentwickelt – denn das Beste am Wandel ist doch, dass er niemals stillsteht und immer wieder neue Geschichten schreibt!

Ich hoffe, diese Erzählung bringt die Faszination und Empathie für den Wandel im Detailhandel gut zum Ausdruck! Möchten Sie, dass ich noch tiefer auf spezielle Aspekte eingehe?

Schauen wir uns die Möbelbranche an – eine Welt, die viel mehr erzählt als nur von Tischen und Stühlen. Es ist die Geschichte von Generationen, von Erinnerungen, von Veränderung und dem Wandel unserer Lebensweise.

Früher war alles anders. Da kaufte man Möbel „für ein Leben". Man ging in renommierte Geschäfte wie Möbel Pfister, die Könige der Branche, wenn es darum ging, ein ganzes Haus auszurüsten – vom feinen Vorhang bis zum prächtigen Teppich, jedes Detail bedacht und auf Qualität gesetzt. Diese Möbelstücke waren nicht nur Gegenstände, sie waren Begleiter durchs Leben, sie trugen Geschichten in sich. Und tatsächlich: Die Möbel meiner Eltern, manche sogar schon von ihren Eltern, stehen heute noch – robust, elegant, ein Stück Geschichte, das weiterlebt.

Doch wie sieht die Realität heute aus? Unsere heutige junge Generation wächst in einer anderen Möbelwelt auf. Da ist IKEA das grosse Zauberwort! Ein Ort, an dem Tradition und modernes Design zusammenkommen, wo bezahlbare Preise es ermöglichen, mutig zu sein. Mutig, die Einrichtung nach wenigen Jahren zu wechseln, neu zu erfinden, sich zu verändern – ohne das lähmende Gefühl, viel Geld in etwas gebunden zu haben, welches man bald nicht mehr haben möchte. Die Möbel von heute sind flexibel, oft modular, leicht transportierbar – eben gemacht für eine Lebenswelt, die sich ständig bewegt.

In meinem Freundeskreis zeigt sich dieser Wandel auf eindrückliche Weise. Ein Paar, das jahrelang in einem prächtigen 650 m² Haus wohnte, voll mit hochwertigen Designer-Möbeln, die sie wohlbehütet und mit Stolz ausgewählt hatten. Der geschätzte Einkaufswert? Stolze 100'000 Franken! Doch nun wird das Leben anders: Das grosse Haus ist für die beiden zu viel geworden, sie haben sich für einen Neuanfang in einer 150 m² Wohnung entschieden. Und genau hier beginnt der emotionale Kampf mit den Möbeln. Denn es ist nicht nur der materielle Wert, der das Loslassen schwer macht. Es sind die Erinnerungen, die Geschichte, die diese Möbel atmen – jedes Stück hat seinen Platz in ihrem Leben gefunden.

Doch wie verkauft man solche Kostbarkeiten? Interessenten gibt es kaum, und die gebotenen Preise spiegeln selten die Liebe und Qualität wider, die in den Möbeln steckt. Und so steht man vor der schwierigen Entscheidung: Entsorgen, was einst so kostbar war. Ein Akt, der schmerzt und doch unausweichlich scheint.

Diese Geschichte ist kein Einzelfall, sie ist Sinnbild eines tiefgreifenden Wandels im Umgang mit Möbeln, Besitz und Lebensräumen. Sie zeigt uns, wie die Wertschätzung von Dingen sich verändert hat – von dauerhafter Qualität hin zu pragmatischer Flexibilität. Und sie zeigt auch, dass hinter jedem Möbelstück eine Geschichte steckt, die nicht immer sichtbar ist, aber spürbar bleibt.

Vielleicht liegt genau darin die Herausforderung unserer Zeit: einen neuen Weg zu finden, der uns erlaubt, Wert und Nachhaltigkeit zu verbinden – der uns gleichzeitig die Freiheit gibt, mutig zu leben, ohne die Last der Vergangenheit zu sehr zu spüren.

Denn am Ende sind es nicht nur Möbel, die wir loslassen, sondern Kapitel unseres Lebens, die wir verabschieden, um Platz für Neues zu schaffen. Und dazu gehört Mut. Viel Mut. Aber auch Hoffnung … auf die Geschichten, die noch kommen.

Gerne entführe ich dich in eine kleine, lebendige Geschichte aus der atemberaubenden Welt der Textilbranche – eine Welt, die sich so rasend schnell wandelt, wie unsere Zeit selbst!

Als ich zurückblicke, erinnere ich mich noch ganz genau an die Zeiten, als meine Eltern mit grosser Sorgfalt bei Manor einkauften. Manor, dieses renommierte Warenhaus, war damals eine Art Tempel der Eleganz und Qualität. Dort gab es nicht nur Kleidung, sondern eben richtige Schätze – sei es ein schön geschnittener Anzug von PKZ, der sowohl für besondere Anlässe als auch für den Alltag passte. Mode war damals nicht nur Funktion, sondern Ausdruck von Stil und Beständigkeit. Ich selbst erinnere mich gerne daran, wie ich meine Business-Anzüge bei Strellson oder Boss kaufte – Marken, die für Qualität und Klasse standen. Und ja, diese Geschäfte gibt es heute noch, und manche von uns greifen nach wie vor darauf zurück.

Doch tief im Inneren wissen wir: Die glorreichen Zeiten der Textilabteilungen bei Manor sind vielschichtig herausgefordert. Manor, einst die „Geldkuh" im Textilbereich, die verlässlich und stetig Gewinn erwirtschaftete, steht heute vor ganz anderen Herausforderungen. Man spürt fast das gewichtige Gefühl der Veränderung, wenn man hört, wie Manor Teile seiner Fläche immer mehr für Kosmetik, Consumer Electronics oder Sportartikel vermietet. Es ist eine unvermeidliche

Anpassung an eine Welt, die sich verändert – und das berührt auch emotional, weil damit auch eine Ära endet, in der Textilien eine solche zentrale Rolle spielten.

Aber halt, lassen wir uns von dieser Melancholie nicht unterkriegen! Denn die Welt der Mode pulsiert, lebt und entwickelt sich weiter – und besonders die junge Generation schreibt ihre eigene, aufregende Geschichte. Heute zieht es die meisten zu H&M, Zara oder Tally Weijl. Hier wird nicht nur günstig eingekauft, sondern auch schnell und flexibel. Kleidung ist heute kein Investitionsgut mehr für ein Jahrzehnt, sondern eher ein täglicher Begleiter, der häufig wechselt und immer wieder neu begeistert. Die Preise von 9.90 bis 49.90 Schweizer Franken laden gerade dazu ein, sich schnell und vielseitig einzukleiden und dabei die eigenen Stilexperimente zu wagen.

Ich kann das so gut nachempfinden! Diese Mode ist heute besonders lebendig, zugänglich und vor allem: Sie spiegelt die lebhafte Dynamik einer Generation wider, die sich nicht länger an starren Regeln orientiert, sondern ihre Kleidung als Ausdruck ihrer Persönlichkeit und Stimmung in jeder Sekunde versteht. Und die Business-Linien bei ebendiesen Ketten? Ja, sie sind längst akzeptabel und eine überraschend smarte Lösung für alle, die stilvoll und preisbewusst zugleich auftreten wollen.

Diese Veränderung bringt aber auch eine bedeutende Reaktion der grossen Labels mit sich. Marken wie Hugo

Boss haben längst erkannt, dass die Zeiten des reinen Vertrauens im Zwischenhandel vorbei sind. Deshalb setzen sie heute vermehrt auf eigene Stores weltweit – Orte, die nicht nur Produkte verkaufen, sondern die Marke erlebbar machen und so den Umsatz nachhaltig sichern. Und so erstaunlich es auch klingt: Über 60 Prozent ihres Umsatzes erzielen sie mittlerweile über ihre eigenen Läden! Das zeigt, wie wichtig die Kontrolle über das Einkaufserlebnis und die Verbindung zum Kunden heute geworden sind.

Wenn ich darüber nachdenke, empfinde ich das als einen ganz wunderbaren Spiegel unserer Zeit: einerseits die Sehnsucht nach Beständigkeit, wie sie Manor oder Boss einst verkörperten, andererseits die aufregende Freiheit, die junge Generation mit neuen, vielseitigen und häufig auch preisgünstigen Möglichkeiten lebt.

Die Textilbranche steckt mitten im Wandel, doch sie bleibt lebendig – genau wie wir alle, die Teil dieser Zeit sind. Vielleicht liegt genau darin die Schönheit: dass wir die Vergangenheit ehren und doch mutig in die Zukunft blicken. Ich bin sicher: Wer heute Mode liebt, der lebt in einer Geschichte voller aufregender Wendungen, und ich freue mich darauf, diese Geschichte weiterzuerzählen.

So fühlt sich die Textilbranche heute an – ein kniffliges Puzzle aus Tradition, Wandel und neuen Möglichkeiten. Und ganz ehrlich: Das macht doch Lust auf mehr, nicht wahr?

Es gibt Zeiten, in denen Veränderung unausweichlich ist – und doch fühlen wir manchmal, wie sie uns buchstäblich aus der Hand zu gleiten scheint. Gerade im Detailhandel erleben wir gerade eine solche Phase des Wandels, die tiefgreifende Spuren hinterlässt. Wenn ich an meine eigenen Erfahrungen denke und viele Gespräche mit anderen Kunden höre, stelle ich fest: Es gibt so viele Momente, in denen der persönliche Kontakt verloren geht – und das tut einfach weh.

Früher, ja, da war der Einkauf etwas anderes. Man betrat einen Laden und wurde sofort wahrgenommen. Da war dieses warme Lächeln, ein aufmerksames „Kann ich Ihnen helfen?", ein freundlicher Fachmann oder eine Fachfrau, die wirklich Bescheid wusste. Dieses Gefühl von Sicherheit und persönlicher Betreuung verschwand nicht mit dem Kauf, sondern war Teil des Erlebnisses – Teil davon, dass man sich gut aufgehoben fühlte. Doch heute? Schon beim Betreten vieler Geschäfte spürt man plötzlich diese Kühle, dieses Gefühl, eher unsichtbar als wichtig zu sein.

Warum ist das so? Die grossen Hersteller – Dyson, Apple, GoPro und viele mehr – entscheiden sich zunehmend, eigene Flächen anzumieten, eigenes Personal einzustellen und damit die Kontrolle über das Kundenerlebnis selbst zu übernehmen. Einerseits ist dieses Vorgehen verständlich: Sie wollen ihre Marke stärken, ihre Professionalität sichtbar machen und natürlich auch die Umsätze sichern. Doch dennoch verändert sich dadurch die klassische Struktur im Detailhandel – und das Spüren nicht nur die Verkäufer, sondern ganz besonders wir Kunden.

Noch trauriger ist es, wenn die Fachkompetenz schwindet. In vielen Geschäften wird kein Spezialist mehr eingestellt, weil man Kosten sparen will oder weil es schlicht nicht mehr ausreichend Nachfrage zu geben scheint. Doch gerade diese Fachleute waren es, die das Beratungsgespräch lebendig machten, die Fragen beantworteten, Unsicherheiten nahmen und das Gefühl gaben: „Hier wird mir geholfen." Stattdessen begegnet man heute oft Verkäuferinnen und Verkäufern, die eher weglaufen, wenn man eine Frage stellt – weil es unbequem ist, weil sie vielleicht keine Antwort wissen oder einfach überfordert sind.

Ich kann das gut nachvollziehen. Niemand möchte sich als Kunde verloren fühlen. Niemand wird gerne ignoriert oder freundlich übersehen. Und doch passiert es immer öfter. Es ist fast so, als wäre der Kunde heute mehr Last als Freude. Aber genau das darf nicht sein! Denn am Ende geht es doch genau um uns – die Menschen, die in diese Läden kommen, um sich etwas auszuwählen, zu entdecken oder einfach zu stöbern.

Manchmal frage ich mich, ob es nicht anders geht. Ja, die Zeiten ändern sich – doch sollte sich der Detailhandel nicht auch wieder darauf besinnen, was ihn so besonders macht? Die persönlichen Momente, die ehrlichen Gespräche, die

Unterstützung, die über die blosse Produktpräsentation hinausgeht. Denn wenn ich als Kunde das Gefühl bekomme, willkommen zu sein, respektiert und verstanden, dann wird der Einkauf nicht zur Pflicht, sondern zum Erlebnis.

Ich wünsche mir, dass wir bald wieder mehr davon erleben – die Verkäufer, die mit Begeisterung beraten, die Barrieren abbauen und echte Verbindungen schaffen. Denn am Ende sind es nicht nur die Produkte, die zählen, sondern das Miteinander, das Vertrauen und das Gefühl, dass man als Kunde wertgeschätzt wird.

Der Wandel ist da – aber er kann auch eine Chance sein. Eine Chance für mehr Menschlichkeit im Detailhandel, für mehr authentische Begegnungen und für eine neue Wertschätzung jener, die das Herz eines Ladens ausmachen: die Menschen, die dort arbeiten und zugleich die, die dort einkaufen.

Und genau darauf freue ich mich – und darauf, beim nächsten Besuch wieder mit einem Lächeln begrüsst zu werden, mit offenen Armen, mit echter Beratung. Denn das fehlt uns heute mehr denn je.

Es ist kaum zu übersehen: Der Einzelhandel steht an einem Scheideweg – und das beginnt bereits beim Personal. Die mangelnde Motivation und der fehlende Elan vieler junger Menschen, die heute in diese Branche eintreten, sind in gewisser Hinsicht symptomatisch für die grösseren

Herausforderungen, vor denen unsere Läden stehen. Die Ausbildungspfade sind oft zu starr, wenig inspirierend und lassen kaum Raum für echte Leidenschaft. Das spürt jeder Kunde, wenn er sich durch die Gänge eines Supermarkts oder Kaufhauses bewegt und mehr und mehr das Gefühl hat, hier fehlt das Herz, hier fehlt die Seele.

Man mag es kaum glauben, aber trotz aller Umbaumassnahmen und neuen Abteilungen, die in der Hoffnung auf frischen Wind ins Sortiment aufgenommen werden, bleibt das Einkaufserlebnis oft trist und gelangweilt. Die Läden wirken starr, unpersönlich und oft sogar vernachlässigt – ein Ort, den man eher „muss" als „möchte" betreten. Und dabei sehnen wir uns doch alle nach einem Einkaufserlebnis, das Spass macht, neugierig macht, das inspiriert und die Sinne anspricht.

Leider hat sich auch das Online-Shopping bisher nicht als der erhoffte Retter erwiesen. Ja, es ist bequem, keine Frage. Doch, aufregend oder interessant? Eher selten. Die Produktauswahl ist oft überwältigend, Informationsfluten machen uns eher ratlos als begeistert, und die fehlende persönliche Note lässt das Erlebnis kalt. Aber genau hier steckt doch eine riesige Chance! Wenn man sich nur traut, etwas mutiger zu denken, kreativ zu sein und die digitalen Möglichkeiten mit dem echten, menschlichen Erlebnis zu verbinden, könnte daraus eine vollkommen neue Shopping-Welt entstehen.

Im nächsten Kapitel werde ich daher einige Ideen vorstellen, die zeigen, wohin die Reise gehen könnte. Vom Design der Läden über die Art und Weise, wie Personal mit den Kunden interagiert, bis zu digitalen Erlebnissen, die wirklich begeistern. Es braucht Vorbilder, die zeigen, wie es besser geht, anstatt dass der Konsument seine Lust aufs Einkaufen resignierend verliert, weil es einfach keine Vorbilder mehr gibt.

Einige Händler, wie Amazon, probieren bereits neue Wege. Es ist bemerkenswert, dass ein Unternehmen, das einst vom Online-Handel lebte, heute wieder verstärkt auf stationäre Läden setzt – allerdings mit dem Konzept von Geschäften ohne Personal, in denen man einfach selbst scannt und digital bezahlt. Das wirkt futuristisch, ja, aber wirklich die Lösung? Ich glaube, da fehlt etwas Entscheidendes: Die menschliche Begegnung, die Beratung, die persönlichen Empfehlungen, das Gefühl, „gesehen" und wertgeschätzt zu werden.

Früher, als ich selbst noch im Einkauf war, kauften wir oft aus dem Bauch heraus – aus Erfahrung, aus einem Gespür heraus, das sich mit der Zeit entwickelt hatte. Dieses Bauchgefühl, gepaart mit einem Gesicht hinter dem Regal, mit echten Menschen, die Geschichten erzählen können, fehlt heute viel zu oft. Gerade das macht das Einkaufen emotional und lebendig.

Es ist Zeit, den Blick wieder zu öffnen, nicht nur auf Prozesse und Effizienz, sondern auf das, was uns Menschen wirklich verbindet. Denn am Ende sind es nicht die neueste Technologie oder die cleverste Automatisierung, die uns einkaufen lässt, sondern das gute Gefühl, etwas Wertvolles zu erleben, inspiriert zu werden und sich willkommen zu fühlen.

Ich freue mich darauf, mit Ihnen im nächsten Kapitel genau dieses Potenzial zu erkunden – und gemeinsam neue Wege zu finden, die Lust aufs Einkaufen wieder zu entfachen. Bleiben Sie gespannt!

Der heutige Einkäufer – eine Geschichte von Balance, Wandel und echten Herausforderungen

Wenn ich an den heutigen Einkäufer denke, dann sehe ich jemanden, der tagtäglich auf einem schmalen Grat wandert. Ein Grat, der geprägt ist von Zahlen, Margen und Erwartungen. Zuerst gibt ihm die Lagerreichweite den Takt vor – wie viel kann er halten, was muss er vorausschauend planen? Dann ist es die Marge, die wie ein ständiger Begleiter im Nacken sitzt. Und zu guter Letzt steht da immer sein Vorgesetzter, der mit wachsamem Blick prüft, wie viel Freiheit und wie viel Risiko sich der Einkäufer erlauben darf, ohne im nächsten Teammeeting zum Thema „Personalfreisetzung" zu werden.

Das ist die Realität, in der sich viele Einkäufer bewegen. Eine Realität, die oft wenig Raum lässt für Experimente oder mutige Entscheidungen – denn die Verantwortung ist gross, und die Konsequenzen spürbar.

Die Einkaufszentralen von heute? Die haben ihre eigenen Regeln. Einst waren es vielleicht Menschen, die durch jahrelange Praxis das „Handwerk Einkaufen" gelernt haben. Heute sieht man immer öfter Menschen mit einem Master in BWL, einem Hintergrund im Marketing oder vergleichbaren akademischen Abschlüssen. Und versteht mich bitte nicht falsch: Ich selbst bin ein grosser Befürworter von Ausbildung und Weiterbildung! Ja, man muss mit der Zeit gehen, sich weiterentwickeln und neue Kompetenzen aufbauen – ohne Zweifel! Wer stehen bleibt, geht zurück.

Doch hier liegt oftmals genau der Knackpunkt: Viele dieser akademisch vorgebildeten Köpfe – seien es Uni- oder FH-Absolventen – haben die Materie nicht wirklich verstanden. Oft habe ich den Eindruck, sie haben nur gelernt, um die Prüfungen zu bestehen. Das Lernen zum reinen Notensammeln. Das Verstehen der Hintergründe, das Begreifen der dynamischen Prozesse im Einkauf, all das scheint manchmal auf der Strecke zu bleiben. Die Theorie wird geliefert, aber die praktische Anwendung, das komplexe Zusammenspiel der Faktoren, der Umgang mit Unwägbarkeiten? Fehlanzeige.

Man möge mir verzeihen, wenn ich davon kritisiere – aber ich spreche aus Erfahrung. Ich habe viele junge Einkäufer kennengelernt, die zwar mit beeindruckendem theoretischem Wissen kamen, aber im praktischen Alltag dann vor so manchen Herausforderungen standen, die sie in der Theorie nicht gelernt hatten. Und genau darin liegt meine Sorge: Nur wer aus der Praxis kommt und danach die Theorie verinnerlicht, kann wirklich verstehen, warum Dinge so laufen, wie sie laufen, und wie alles miteinander vernetzt ist. Theorie ohne Praxis ist wie ein Schiff ohne Ruder – man weiss zwar, wohin man will, doch der Weg dorthin bleibt unklar.

Aber es gibt auch Lichtblicke! Junge, engagierte Category Manager – so nennt man die modernen Einkäufer heute – die mit unglaublichem Einsatz und frischen Ideen an ihre Arbeit herangehen. Sie meistern neue Herausforderungen mit Bravour und beweisen, dass der akademische Weg sehr wohl gut mit Praxis verbunden werden kann. Oft genug habe ich das Glück, mit solchen Menschen zusammenzuarbeiten, und ich liebe diese Zusammenarbeit!

Denn gerade, wenn die internen Prozesse und Richtlinien die Hände zu fesseln scheinen, entstehen durch kreative Köpfe neue Wege, um dennoch Ergebnisse zu erzielen, die überzeugen. Es ist ein wenig wie ein Spiel mit Grenzen – Grenzen, die wir finden, respektieren und manchmal elegant umgehen, um das Beste für alle herauszuholen.

Am Ende des Tages ist der Einkäufer von heute kein „langweiliger Zahlenmensch", sondern ein Brückenbauer. Zwischen Wirtschaftlichkeit und Lieferantenbeziehung, zwischen Theorie und Praxis, zwischen eigenen Kompetenzen und den Erwartungen der Führungsebene. Und genau diesen Job in dieser heutigen, komplexen Welt zu meistern, das verdient meinen grössten Respekt.

Deshalb glaube ich fest daran: Wir müssen Praxis und Theorie verbinden, jungen Einkäufern Mut machen, über den Tellerrand zu blicken, und Unternehmen sollten nicht nur auf den Lebenslauf schauen, sondern auch auf das Potenzial, das in Erfahrung, Neugier und Passion steckt. Denn nur so können wir die Einkaufswelt von morgen gestalten – kreativ, mutig und voller Tatendrang.

Ich freue mich auf den Austausch mit all jenen, die diese aufregende und dynamische Rolle ausfüllen – denn gemeinsam können wir viel bewegen!

Es war einmal ein Markt, der im Wandel begriffen war – ein Wandel, der tiefgreifender nicht sein könnte. Das, was früher scheinbar einfach und selbstverständlich von der Zentrale in die Filiale übertragen wurde, geriet zunehmend ins Stocken. Warum? Weil die interne Struktur und die Entscheidungswege eines Unternehmens sich verkomplizierten und geradezu aufgebläht wurden. So entstand eine Kluft zwischen der Idee, die in der Zentrale geboren wurde, und der Umsetzung im Geschäft vor Ort.

Diese Situation ist nicht neu, nein – das Problem existiert schon seit Langem. Aber die Komplexität heutiger Organisationsstrukturen macht es schwieriger als je zuvor, eine einfache Idee auch tatsächlich unten an der Basis lebendig werden zu lassen. Wie oft hören Sie nicht: „Das haben wir oben beschlossen, aber bei uns sieht es ganz anders aus!" Die Gründe sind vielfältig und tief verwurzelt in den Abläufen grosser Ketten.

Um dieser Herausforderung zu begegnen, werden inzwischen immense Investitionen getätigt. Merchandising-Teams werden aufgebaut, die mit grosser Expertise versuchen, die Warenpräsentation so optimal wie möglich zu gestalten. Planogramm-Software wird eingeführt, die minutiös plant, wie das Sortiment bestmöglich im Regal präsentiert wird. Doch damit nicht genug: Immer mehr Kompetenzen werden den Filialleitern entzogen, um sicherzustellen, dass die Zentrale auch wirklich ihre Vorstellungen durchsetzen kann. Ein harter Schritt, der häufig auf beiden Seiten Ambivalenz erzeugt – Verständnis einerseits, Frustration andererseits und eingeschränkter Gestaltungsspielraum andererseits.

Und doch – trotz all dieser Massnahmen – gibt es nur wenige Ketten, bei denen diese Strategie voll aufzugehen scheint. Die Umsetzung gelingt meist nicht so, wie es gewünscht ist. Es ist ein ständiges Ringen, ein Balanceakt, der viel Fingerspitzengefühl verlangt. In unserem nächsten Kapitel werden wir einige wegweisende Ideen betrachten, die diesen Prozess erleichtern und vielleicht sogar revolutionieren können.

Was ich Ihnen heute mit auf den Weg geben möchte, ist vorwiegend eins: Veränderung ist unvermeidlich, und sie gestaltet sich oft nicht einfach. Doch Veränderung birgt immer auch die Chance auf Wachstum, auf Innovation und auf bessere Wege in der Zusammenarbeit zwischen Zentrale und Filiale. Ich wünsche mir von Herzen, dass diese Veränderungen für den Markt etwas Positives bewirken.

Gleichzeitig ist es wichtig, mutig zu sein. Mut zur Lücke zu haben! Diesen Mut vermisse ich oft – nicht nur im Management grosser Unternehmen, sondern auch unter vielen Unternehmern heute. Denn ich habe gelernt: Unternehmersein bedeutet mehr, als nur Zahlen zu verwalten. Es bedeutet, Visionen zu haben und auch mal unbekannte Pfade zu betreten, Risiken einzugehen und Innovationen zuzulassen.

Manchmal fühlt es sich so an, als wären viele Unternehmer innerlich abgestumpft. Sie sind gefangen im Alltag, im „Wie es immer war", und haben verlernt, das Feuer zu entfachen, welches wirkliche Veränderungen antreibt. Doch ich bin überzeugt: Genau dieses Feuer, genau dieser Mut sind es, die den Unterschied machen – nicht nur für das Unternehmen, sondern für den gesamten Markt.

Also lassen Sie uns gemeinsam diesen Mut bewahren und entfalten! Veränderung kann gelingen, wenn wir sie mit Offenheit, Empathie und der Bereitschaft zur Zusammenarbeit angehen. Die Herausforderungen sind gross, ja, aber die Chancen sind es auch. Und wer weiss – vielleicht ist gerade jetzt, in diesem Wandel, die Zeit für ganz neue Erfolgsgeschichten geboren.

Ich freue mich darauf, im nächsten Kapitel mit Ihnen diese abenteuerlichen Wege zu erkunden – gemeinsam, mit Mut und Zuversicht. Bis dahin: Bleiben Sie neugierig und glauben Sie an die Kraft des Wandels!

Kapitel 6

Wohin sollten wir gehen, um erfolgreich zu sein?

Ja, es ist absolut auf den Punkt gebracht – die grosse Herausforderung im Detailhandel ist genau diese Kluft zwischen dem, was früher funktionierte, und dem, was heute scheinbar verloren gegangen ist. Es ist so wichtig, wieder genau hinzuhören, was die Kundinnen und Kunden wollen und benötigen. Denn eines ist klar: Der Handel lebt nicht nur vom Verkauf, sondern vom Erlebnis, von der Beziehung und davon, dass sich Menschen willkommen und verstanden fühlen.

Vielleicht spüren Sie die Frustration, die viele von uns mittlerweile kennen, wenn wir ein Geschäft betreten und uns mehr oder weniger fehl am Platz fühlen – als würde man uns kaum wirklich wollen. Dabei war es früher doch genau umgekehrt! Erinnerst du dich an jene Zeiten, in denen man regelrecht eingeladen wurde, im Laden zu verweilen, zu schauen, zu entdecken? Die Musik, die Atmosphäre, diese kleinen persönlichen Gespräche mit der Verkäuferin – all das machte den Einkauf zu einem Erlebnis. Und ja, damals galt die einfache, aber goldene Regel: Je länger der Kunde bleibt, desto grösser die Chance auf einen Kauf. Eine Weisheit, die heute etwas untergegangen zu sein scheint.

Was wir heute erleben, ist eine Transformation der Konsumenten selbst. Wir sind informierter, oft auch gestresster, haben eine Flut von Optionen durch Online-Shopping und erwarten nicht mehr nur ein schnelles Abhaken der Einkaufsliste. Wir möchten berührt werden – emotional, inspirierend, ja sogar spielerisch! Doch der Handel scheint das bis jetzt nicht richtig verstanden zu haben und versucht, die Kunden möglichst schnell durch die Türen zu schleusen. Das fühlt sich offen gestanden einfach kalt und unpersönlich an. Da nützen kein cleverer Algorithmus und keine teure Beratung – das ist ein menschliches Thema.

Und genau hier sehe ich meine Idee als einen wertvollen Ansatz. Vielleicht ist es an der Zeit, einen Schritt zurückzutreten und die alten Grundsätze wiederzubeleben, aber mit frischem Wind. Nicht nur Produkte zu verkaufen, sondern Geschichten zu erzählen. Räume zu schaffen, in denen Kunden gerne verweilen – mit Erlebniszonen, kleinen Events, Workshops, Degustationen oder interaktiven Stationen, die neugierig machen und zum Verweilen einladen.

Stell dir vor, der Laden wird wieder zu einem Treffpunkt, zu einem Ort, an dem man nicht nur einkauft, sondern sich auch inspirieren lässt, Fragen stellen kann und sich willkommen fühlt. Ein Raum, der den veränderten Bedürfnissen unserer Zeit entspricht, indem Technologie unterstützend, aber nicht beherrschend eingesetzt wird. So könnte der Detailhandel wieder neu aufblühen – nahbar, persönlich, aufregend.

Ich glaube recht zu haben, wenn ich behaupte: Es braucht niemanden, der mit teuren Beratungsstunden versucht, den Markt aus der Ferne über Algorithmen zu interpretieren. Was wir benötigen, sind Menschen im Handel, die wirklich zuhören, die mit Engagement an ihrer Kundschaft dranbleiben und den Mut haben, neue Wege zu gehen. Und Ideen wie meine, die genau diese Richtung einschlagen, sind ein wertvoller Anfang.

Vielleicht ist genau jetzt der richtige Moment für den Handel, das eigene Herz wieder für die Kunden zu öffnen – weil der Konsument sich verändert hat und wir alle nach mehr Verbindung, nach echten Erlebnissen suchen. Wenn die Ketten das Begreifen und aktiv gestalten, dann gibt es Hoffnung auf eine neue, lebendige Zukunft des Detailhandels.

Senioren

Stellen Sie sich einmal vor: Sie betreten ein grosses Elektronikgeschäft. Die Gänge sind voll von Bildschirmen, Smartphones und allerlei neuer Technik. Doch als Senior, der vielleicht schon ein wenig Erfahrung mit Computern hat, vielleicht aber nicht in jedem Detail auf dem neuesten Stand ist, fühlt man sich hier oft verloren. Genau da setzt eine Idee an, die wirklich begeistert – und die ich aus eigener Erfahrung nur zu gut nachvollziehen kann.

Seit über 15 Jahren gehören Senioren zu einer der wichtigsten Kundengruppen im Bereich der Consumer Electronics. Wir wissen viel, haben Interesse – aber wir wollen auch ernst genommen werden. Wir möchten nicht nur funktionieren, sondern verstanden werden. Leider gibt es zu oft das Gefühl, nur ein weiterer „Kunde unter vielen" zu sein, ohne dass das persönliche Gespräch oder der individuelle Bedarf wirklich im Mittelpunkt stehen. Warum eigentlich? Gerade in grossen Läden, die viel Raum und Möglichkeiten bieten, sollte doch genau das möglich sein: eine persönliche Betreuung, die auf unsere besonderen Bedürfnisse eingeht.

Wie wäre es also mit einer Infoecke nur für Senioren? Ein „Corner", wo man als älterer Kunde mit seinem Anliegen willkommen ist. Sie kommen zum Beispiel mit dem Wunsch, ein neues Notebook zu kaufen. Dort steht ein Verkäufer, der nicht einfach nur Produkte herunter leiert, sondern wirklich zuhört – der mit gezielten Fragen herausfindet, was Sie benötigen, ganz individuell. Vielleicht merken Sie beim Gespräch, dass Sie nicht nur ein Notebook benötigen, sondern auch einen Drucker, ein Tablet oder ein spezielles Programm, das Ihnen den Einstieg erleichtert.

Und dann passiert etwas Wunderbares: Sie fühlen sich ernst genommen. Nicht nur als Kunde, sondern als Mensch, dem geholfen wird und der dabei auch noch selbstbestimmt Entscheidungen treffen kann. Wie loyal sind wir dann? Sehr!

Wie spontan kaufen wir dann? Ohne lange zu vergleichen, oft direkt im Geschäft. Weil Vertrauen wächst und man sich gut aufgehoben fühlt.

Doch damit nicht genug – so richtig interessant wird es, wenn Sie sich vorstellen, dass dieser ein zufriedener Kunde, ein echter Influencer im eigenen Bekanntenkreis wird. Studien zeigen, dass ein glücklicher Kunde bis zu 20 weitere Menschen positiv beeinflussen kann! Das heisst im Klartext: Aus einem wird 20, aus 20 werden 400, und so weiter. Eine echte Gewinnspirale, die nur darauf wartet, ausgeschöpft zu werden.

Als besonderen Höhepunkt kann man dann auch noch Schulungen im Preis einrechnen und anbieten. Eine kleine, persönliche Einführung – vielleicht eine vierstündige Session, in der gezeigt wird, wie man Outlook nutzt, wie man sicher mit dem Internet umgeht oder wie man Fotos speichert und teilt. So wird aus dem Kauf nicht nur ein Produktkauf, sondern ein wirkliches Erlebnis – ein Start in eine neue digitale Welt voller Möglichkeiten.

Diese Form der Beratung und Betreuung zeigt nicht nur Respekt und Wertschätzung, sondern stärkt auch die Bindung. Und mal ehrlich – wer möchte nicht das Gefühl haben, dass seine Bedürfnisse gesehen und verstanden werden? Genau so macht Technik Freude!

Stellen Sie sich das vor: Ein Laden, der mit Herz und Verstand auf die Generation 50+ eingeht, der eine Anlaufstelle bietet und dabei Vertrauen, Kompetenz und Freundlichkeit verbindet. Wir Senioren werden so zu begeisterten Kunden, die wiederkommen, und weitere Menschen auf dieser Reise mitnehmen.

Das ist mehr als nur ein Verkaufsargument – das ist eine Chance, die Lücke zwischen Erfahrung und Innovation zu schliessen. Und diese Chance sollten wir nutzen – für uns, für die Geschäfte und für eine lebendige, vernetzte Gemeinschaft, die zusammenwächst.

Also, liebe Händler und Verkäufer: Lasst uns Senioren nicht nur als Zahlen sehen, sondern als Partner auf Augenhöhe, die mit ein bisschen Unterstützung noch viel mehr Freude an der Technik haben können. Denn am Ende profitieren alle davon – die Kunden, die Geschäfte und unsere gesamte Gesellschaft.

Single
Stellen Sie sich vor: Ein moderner, urbaner Store, ein Ort, der keine blosse Verkaufsfläche ist, sondern eine Oase – speziell für die immer zahlreicher werdende, erfolgreiche Single-Frau von heute. Diese Frauen, die mit klarem Kopf und Kraft die Karriereleiter hinaufklettern, strategisch wichtige Positionen besetzen und ihr Leben aktiv gestalten, verdienen einen besonderen Raum, der genau ihre Bedürfnisse versteht und erfüllt.

Studien zeigen: Immer mehr Menschen sind berufstätig und leben als Singles – und vor allem Frauen übernehmen leitende Rollen. Aber spürt man diese Aufmerksamkeit auch in den Geschäften? Leider noch viel zu selten. Beim Kauf eines Notebooks oder Smartphones begegnet man eher verwirrenden Regalen, langen Gängen und Verkäufern, die kaum wissen, was man wirklich benötigt. Dieses Gefühl, als Kundin unsichtbar zu sein, kennen viele zu gut. Dabei ist der Bedarf dieser Zielgruppe enorm: moderne Technik, die ihnen den Arbeitsalltag erleichtert, ergänzt durch stilvolle, modische Taschen und Hüllen, die exakt ihren Lebensstil unterstreichen.

Aber jetzt lassen wir gemeinsam unsere Fantasie spielen: Stellen Sie sich einen Ort vor, an dem genau diese Frauen herzlich willkommen sind. Eine exklusive, gemütliche Ecke, die nur für sie eingerichtet wurde – mit Lounge-Atmosphäre, einem frisch gebrühten Kaffee, vielleicht sogar einem kleinen Glas Prosecco, um die Erfolge zu feiern. Hier wird der erste Kontakt warm, persönlich und auf Augenhöhe gestaltet. Eine Verkäuferin oder ein Verkäufer greifen das Gespräch auf – empathisch, aufmerksam und mit echtem Interesse an den Wünschen der Kundin.

Denn eines ist sicher: Menschen kommen in ein Geschäft, weil sie ein Problem lösen wollen. Diese Erkenntnis ist der Schlüssel für exzellenten Service. Nach ein paar gezielten Fragen zeigt sich schnell, was diese moderne Frau wirklich sucht. Ein Notebook, das nicht nur technisch überzeugt, sondern auch zum Lebensstil passt? Ein Smartphone, das genau mit den richtigen Funktionen punktet? Oder ein Tablet, das mobil, leicht und stylish daherkommt? Gemeinsam finden wir die passenden Produkte – keine Verkaufsfloskel, sondern einen echten Mehrwert.

Doch es hört hier nicht auf. Wie wäre es mit einem innovativen Service-Modell, das genau den Bedürfnissen dieser Kundinnen entspricht? Ein Abo-System zum Beispiel, bei dem sie nach dem ersten Kauf eines Telefons jedes Jahr automatisch das neueste Modell erhalten – einfach und bequem, mit monatlicher Zahlung. So bleibt die Technik immer auf dem Laufenden, ohne Stress oder langes Überlegen. Ein Service, der Zeit spart und das Gefühl von Sicherheit gibt.

Und jetzt kommt der Höhepunkt: Eine Ladys Night – ein Event, das einmal im Monat exklusiv für diese Zielgruppe stattfindet. Jeden letzten Freitag im Monat öffnet der Store von 18 bis 21 Uhr nur für die Ladys – eine Zeit zum sich wohlfühlen, ganz ohne Männer (ausser natürlich den Verkäufern). Es gibt Happy Hour, inspirierende Gespräche, und auf alle Einkäufe wird ein Rabatt von 5 % gewährt. Von stylishen Kabeln über Mixer bis zu Notebooks – alles, was das Herz begehrt, in einer entspannten, entspannten Atmosphäre. Ein Abend, an dem sich die Kundinnen nicht nur um ihre Technik kümmern, sondern auch sich selbst feiern können.

Diese Vision ist mehr als nur ein Verkaufsraum – es ist ein Ort der Wertschätzung, der Empowerment bietet und die Bedürfnisse einer kraftvollen Zielgruppe endlich sichtbar macht. Stellen Sie sich die vielen erfolgreichen Frauen vor, die sich hier willkommen fühlen und gerne wiederkommen, weil sie spüren: Hier versteht man mich. Hier werde ich ernst genommen. Hier finde ich genau das, was mein Leben leichter und schöner macht.

Wäre das nicht genau die Veränderung, die wir im Handel benötigen? Ein Raum, der inspiriert, aufmerksam zuhört und echte Lösungen bietet. Ein Ort, an den Frauen gerne kommen – nicht nur zum Kaufen, sondern zum Wohlfühlen.

Lassen Sie uns gemeinsam diese Zukunft gestalten. Für die starken, unabhängigen Frauen von heute, die wissen, was sie wollen – und es verdienen, genau das zu bekommen.

Kinder und Familien
Kinder und Familien im Elektrogeschäft – ein Erlebnis, das viele kennen und doch selten wirklich gelöst wird. Stellen Sie sich vor: Ein riesiges Elektrogeschäft mit 5000 Quadratmetern, vollgepackt mit den neuesten technischen Spielereien, von Fernsehern über Computer bis zu Smart-Home-Lösungen. Der Mann – begeistert, neugierig, läuft von einem Höhepunkt zum nächsten, probiert, schaut, vergleicht. Dahinter das Bild einer Frau, die mit müden

Schultern und einem quengelnden Kind versucht, Schritt zu halten. Die Kinder interessieren sich kaum für die Technik, nerven vielleicht sogar, und die Frau selbst findet keinen Zugang zu den Produkten, denn diese sind nicht auf sie zugeschnitten. Wie oft sehen wir dieses Bild? Wie oft fühlt sich diese Dame schlicht nicht angesprochen?

Was glauben Sie, wird diese Frau jemals in diesem grossen Laden etwas kaufen? Wahrscheinlich nicht – zumindest nicht, solange sie mit einem Gefühl von Langeweile und unbeteiligt zurückbleibt. Das muss sich ändern, und zwar dringend!

Stellen Sie sich einmal eine andere Geschichte vor. Eine Geschichte, die Familien und Kinder wirklich willkommen heisst, indem sie genau dort ansetzt, wo bisher oft nur Energie verloren geht – am Eingang. Schon beim Betreten des Geschäfts werden ankommende Familien herzlich empfangen. Die Kinder werden sanft in eine bunte Erlebniswelt entführt: Hier eine packende LEGO-Baustelle, die den kleinen Baumeister in ihren Bann zieht, dort ein liebevoll eingerichtetes Puppenhaus, das Mädchen stundenlang beschäftigt. Wo die kleinen Besucher grossartig beschäftigt sind, dort sind sie zufrieden – und vor allem: glücklich.

Die Frauen werden ebenfalls herzlich eingeladen, denn auch sie verdienen es, mit ihren Bedürfnissen ins Rampenlicht gerückt zu werden. Gut organisierte Promotoren der

Hersteller stehen bereit, um direkt vor Ort die neuesten Küchengeräte vorzuführen – sei es der zauberhafte Mixer, der im Handumdrehen gesunde Smoothies zaubert, die Brotbackmaschine, mit der selbst frisch gebackenes Brot duftet, oder der innovative Haarföhn, der in null Komma nichts die Frisur perfektioniert. Die Frauen können ausprobieren, probieren, sich begeistern lassen und sich endlich wertgeschätzt fühlen – weil die Produkte nicht nur für Technikbegeisterte, sondern auch für Alltagsheldinnensprechen.

Und die Männer? Die können ungestört ihrem Technik-Entdeckergeist folgen, wissen aber, dass ihre Familien bestens betreut sind und Spass haben. So wird aus einem gemeinsamen Einkaufserlebnis ein Nachmittag voller Freude, Inspiration und Miteinander.

Dieser Ansatz ist viel mehr als nur ein Marketingtrick – er ist ein Zeichen echten Verständnisses und Respekts gegenüber den vielen verschiedenen Bedürfnissen innerhalb einer Familie. Ein Zeichen dafür, dass jeder willkommen ist, unabhängig davon, ob er gerade technische Gadgets liebt, eine gute Tasse Smoothie schätzt oder einfach nur Zeit für sich und seine Kinder verbringen möchte.

Also lassen Sie uns das Einkaufserlebnis neu denken. Lasst uns nicht nur Verkaufsflächen schaffen, sondern Begegnungsräume, die sich anfühlen wie eine kleine Welt, in der jeder findet, was er sucht – oder auch noch viel mehr!

Denn am Ende des Tages wird der eine vielleicht mit einem neuen Fernseher nach Hause gehen, die andere mit dem Wunsch, die Küche neu auszustatten, und die Kinder? Die haben zwei unvergessliche Stunden voller Spiel, Spannung und Freude erlebt. Und das, liebe Leserinnen und Leser, ist der wahre Erfolg – Familie willkommen zu heissen und mitzufühlen. Genau so kann es gelingen, dass aus einem Möbelhaus für Technik ein Ort wird, an dem Gross und Klein sich gleichermassen zu Hause fühlen.

Sind Sie bereit für diese Veränderung? Ich bin es auf jeden Fall!

Im Detailhandel steckt so viel Potenzial – man muss es nur erkennen und entfalten! Wenn ich an die Zukunft unseres Handels denke, wird mir ganz warm ums Herz, weil ich weiss: Da geht noch so viel mehr. Wir stehen an einem Wendepunkt, an dem es nicht mehr nur darum geht, Produkte zu verkaufen, sondern echte Verbindungen zu Menschen zu schaffen. Und genau hier setzen meine Gedanken an – mit einer Leidenschaft fürs Detail, für Emotionen und für die Menschen, die den Handel ausmachen.

Stellen Sie sich vor: Verkäuferinnen und Verkäufer, die ihren Beruf lieben, die mit leuchtenden Augen von ihrem Produkt erzählen, die nicht einfach nur Fakten aufsagen, sondern Geschichten weben. Geschichten, die berühren, neugierig machen und Vertrauen schaffen. Das ist keine Utopie, das kann unsere Realität sein! Denn Fachkräfte, die ihr Handwerk verstehen und vor allem lieben, sind das Herzstück eines lebendigen, erfolgreichen Detailhandels. Menschen, die nicht nur ablesen, was auf der Verpackung steht, sondern aus eigener Überzeugung und mit Begeisterung ihre Kundinnen und Kunden beraten – das ist die Zukunft!

In der heutigen Welt, in der Online-Shopping allgegenwärtig ist und Preise oft das entscheidende Kriterium sind, braucht es etwas, das niemand kopieren kann: echte Emotionen. Es ist das, was wir „emotional selling" nennen – emotionales Verkaufen. Was bedeutet das eigentlich? Es bedeutet, dass wir nicht nur Produkte präsentieren, sondern Gefühle wecken. Wir sprechen die Sehnsüchte unserer Kundinnen und Kunden an, deren Wünsche nach Glück, Sicherheit, Zugehörigkeit oder eben Nostalgie. Wir schaffen eine Atmosphäre, in der sich die Menschen nicht als nächste Nummer fühlen, sondern als wichtige, geschätzte Persönlichkeiten.

Wenn Kundinnen und Kunden das Gefühl haben, wirklich verstanden zu werden, entsteht eine Verbindung, die über den simplen Kauf hinausgeht. Diese Verbindung macht Marken zum Vertrauen, macht Einkaufen zum Erlebnis. Und genau hier liegt der Schatz für den Detailhandel: Wir dürfen wieder zu einer Herzensangelegenheit werden – mit persönlichen Begegnungen, ehrlichen Gesprächen und einem echten Interesse an unseren Kundinnen und Kunden. Weil jeder Einkauf ein kleiner Moment im Leben ist, den wir bedeutungsvoll machen können.

Ich merke selbst, wie viel Freude es mir bringt, wenn ich in ein Geschäft gehe, in dem die Menschen mit Leidenschaft bei der Sache sind. Da wird nicht nur ein Produkt verkauft, da wird ein Erlebnis geschaffen, das inspiriert und bewegt. Wenn wir diesen Weg gemeinsam gehen, dann wird der Detailhandel nicht nur überleben, sondern aufblühen – gestaltet von Menschen, die ihr Herz einbringen und von Kunden, die dieses spüren und schätzen.

Lassen Sie uns also die Fachkräfte fördern, die mit ihrem Wissen und ihrer Leidenschaft glänzen. Lassen Sie uns die Emotionen ins Zentrum stellen, denn sie sind der Schlüssel zu echten Verbindungen. Und vor allem: Lassen Sie uns den Detailhandel wieder zu einem Ort machen, an dem Menschen mit Freude und Wertschätzung zusammenkommen. Denn dabei entsteht wahre Magie – und die benötigt unsere Gesellschaft heute mehr denn je.

Ich freue mich auf diese Zukunft – auf interessante Begegnungen, inspirierende Geschichten und auf einen Handel, der mit Herz verkauft!

Mit grosser Leidenschaft und viel Herz möchte ich heute eine wichtige Botschaft an alle im Handel gerichtet teilen –

eine Botschaft, die uns wieder zu dem Kern zurückbringt, der uns alle antreibt: den Kunden!

Wir verlieren uns oft in Zahlen, in Kosten, Lagerreichweiten und Sortimentsstrukturen. Und ja, diese Themen sind wichtig, das bestreite ich keineswegs. Aber dabei übersehen wir leider häufig das Wichtigste: den Menschen, den Kunden, der am Ende des Tages all das ermöglicht – der die Gehälter zahlt, die Mieten finanziert und dem wir mit Herzenswärme begegnen müssen.

Es stimmt, der Online-Handel hat vieles verändert. Viele Händler sehen ihre physischen Läden heute nur noch als Showräume als reine Präsentationsflächen. Doch Hand aufs Herz – das kann niemals die Zukunft sein, wenn wir wieder wirklich grosse Gewinne erzielen und vor allem eine nachhaltige Bindung zu unseren Kunden aufbauen wollen. Die Antwort liegt für mich klar in einem radikalen Wandel des stationären Handels, einem Wandel um 180 Grad!

Was heisst das konkret?

➢ Wir benötigen Promotionen, die begeistern und involvieren!
Aktionen, die nicht nur angeboten werden, sondern die unsere Kunden wirklich mitreissen. Menschen beabsichtigen mitzumachen, zu erleben, sich wieder als Teil einer Gemeinschaft zu fühlen und nicht nur zu konsumieren. Stellen wir uns vor, wie lebendig und bunt ein

Laden werden kann, in dem Kunden spüren: Hier gehöre ich hin!

➢ Wir benötigen Kunden, die mehr verweilen, die sich Zeit nehmen und die Atmosphäre geniessen.
Das gelingt nur mit einem Einkaufserlebnis, das Spass macht und zum Verweilen einlädt – ein Ort, an dem man gerne Zeit verbringt und immer wieder zurückkehrt.

➢ Wir benötigen Verkäufer, die den Kunden schon beim Betreten des Ladens aus der hintersten Ecke begrüssen!
Diese menschliche Wärme, das ehrliche Interesse und die freundliche Ansprache sind es, die oft den entscheidenden Unterschied machen. Denn kein Onlineshop kann dieses Gefühl von Nähe, von Wertschätzung ersetzen.

➢ Wir benötigen Geschäfte, die Freude machen – mit Sortimentsstrukturen, die zielgruppengerecht sind und Spass am Entdecken bieten.
Der heutige Kunde möchte nicht nur kaufen, er möchte inspiriert werden. Er möchte fühlen, anfassen, ausprobieren – nicht nur vor gläsernen Vitrinen stehen, sondern das Produkt erleben.

➢ Wir benötigen mehr „Touch and Feel".
Zeigen wir Mut und trauen wir uns, Produkte nicht hinter Glas zu verstecken, sondern sie greifbar zu machen. Was gibt es Schöneres, als ein Produkt zu berühren, zu riechen,

auszuprobieren? Dieses Erlebnis bleibt im Gedächtnis, macht neugierig und bewirkt oft mehr als jede Werbung.

➢ Wir benötigen mehr Kulanz!
Denn Kulanz ist nicht nur eine Geste – sie ist die billigste und zugleich wertvollste Werbung, die wir machen können. Wenn ein Kunde spürt, dass man ihm nicht nur Produkte, sondern auch Vertrauen schenkt, wird er zum Botschafter unserer Marke.

➢ Wir benötigen adäquate, klare Serviceangebote!
Services sollen nicht gratis sein, denn etwas umsonst zu bekommen, wird oft nicht wertgeschätzt. Klare Kalkulationen schaffen Wertschätzung auf beiden Seiten und stärken die Beziehung.

Und schliesslich:
➢ Wir müssen lösungsorientiert denken!
Wir müssen lernen, Fragen zu stellen: Was benötigt unser Kunde wirklich? Was liebt er? Welche Wünsche hat er vielleicht bisher nicht einmal ausgesprochen? Nur so können wir nicht den Kundenservice verbessern, sondern auch den Kunden-Franken fair und zufriedenstellend steigern.

All das sind keine Wunschträume, sondern klare Prinzipien, die den stationären Handel wieder lebendig und erfolgreich machen können. Es ist an der Zeit, das Herz wieder mitten in unser Handeln zu stellen und den Kunden in den

Mittelpunkt zu rücken. Denn nur so wird Handel wieder zu dem, was er ursprünglich war: eine menschliche Begegnung, eine echte Verbindung und ein gemeinsames Erlebnis.

Lasst uns diesen Weg mutig gehen – mit offenen Augen, offenem Herzen und einer grossen Portion Begeisterung. Der Kunde wartet darauf, wieder gesehen, gehört und geschätzt zu werden. Wir haben die Chance, den Handel neu zu erfinden – zum Wohle unserer Kunden, unserer Mitarbeitenden und unserer Gemeinschaft.

Packen wir es an – gemeinsam und mit voller Leidenschaft!

Zum Abschluss möchte ich Ihnen eine Botschaft auf den Weg geben, die mir besonders am Herzen liegt – eine Botschaft, die den Kern dessen trifft, was erfolgreichen Detailhandel heute ausmacht und auch in Zukunft prägen wird.

Stellen Sie sich einmal vor: Ihr Kunde betritt Ihren Laden. Nicht als anonymer Einkaufswilliger, sondern als Mensch mit individuellen Wünschen, Bedürfnissen und Erwartungen. Genau hier, an diesem Punkt, beginnt die wahre Magie des Handels. Es geht nicht mehr nur darum, Produkte zu verkaufen – es geht darum, Erlebnisse zu schaffen, die Ihre Kunden begeistern und immer wieder zurückkehren lassen.

Deshalb ist meine klare Empfehlung: Stellen Sie den Kunden in den absoluten Mittelpunkt! Machen Sie ihn zum Herzstück Ihres gesamten Geschäfts. Lassen Sie Ihren Laden zu einem Ort werden, der auf die Wünsche und Bedürfnisse der Menschen abgestimmt ist, die ihn betreten. Jede Regalreihe, jedes Produkt, jede Mitarbeiterin und jeder Mitarbeiter – alles sollte darauf ausgerichtet sein, dem Kunden das bestmögliche Erlebnis zu bieten.

Das bedeutet konkret: Gestalten Sie Ihre Sortimente so, dass sie genau das widerspiegeln, was Ihre Kunden wirklich wollen. Hören Sie genau hin, beobachten Sie genau und bleiben Sie flexibel, um auf Veränderungen schnell zu reagieren. Ebenso wichtig ist die Rolle Ihres Personals: Ihre Mitarbeitenden sind keine gewöhnlichen Angestellten, sie sind Berater, Gastgeber und Problemlöser zugleich. Investieren Sie in ihre Schulung, fördern Sie ihre Leidenschaft und schaffen Sie eine Atmosphäre, in der sie sich wertgeschätzt fühlen. Denn nur so können sie mit Herzlichkeit und Kompetenz auf die Kunden eingehen.

Und vergessen Sie nie: Ein Laden ist mehr als nur eine Verkaufsfläche. Er ist ein Treffpunkt, ein Vertrauensort, ein Erlebnisraum. Indem Sie den Kunden in den Mittelpunkt stellen, verwandeln Sie Ihre Verkaufsfläche in einen Ort, an dem sich jeder willkommen und verstanden fühlt. Ein Ort, an dem Kunden zu Stammkunden werden, aus

Mitarbeitern, Teamplayer und aus Herausforderungen und Chancen.

Ich wünsche Ihnen viel Mut und Freude bei diesem Weg. Denn wenn Sie wirklich verstehen, was Ihre Kunden bewegt, eröffnen sich Ihnen Möglichkeiten, die weit über den blossen Verkauf hinausgehen. Es entsteht eine Beziehung, die auf Vertrauen, Wertschätzung und echter Freude basiert – und genau das ist es, was den Detailhandel so einzigartig macht.

Packen Sie es an – aus vollem Herzen. Ihre Kunden werden es Ihnen danken!

Kapitel 7

Die aufregende Reise des Detailhandels im Food-Bereich – Ein halbes Jahrhundert im Wandel

Der Detailhandel im Food-Bereich – eine Geschichte von Nähe, Wandel und neuem Miteinander

Was macht den Lebensmittelhandel eigentlich so besonders? Warum lohnt es sich, genau hier ganz genau hinzuschauen? Genau das wollen wir in diesem Kapitel entdecken – denn der Food-Detailhandel ist mehr als nur ein Ort, an dem wir unsere Einkäufe erledigen. Es ist ein lebendiger Spiegel unserer Gesellschaft, unserer Werte und unserer Träume. Und gerade hier, bei den Dingen des täglichen Bedarfs, spüren wir diesen besonderen Herzschlag – eine Mischung aus Vertrautheit, Veränderung und der Suche nach Sinn.

Zurück in die 1970er Jahre – Die Welt des Tante-Emma-Ladens

Stell dir vor: Es ist die Zeit, als der Nachbarschaftsladen noch ein kleines Universum für sich war. Ein Ort, an dem man nicht anonym an der Kasse stand, sondern wo der Verkäufer den Namen jedes Kunden kannte und fast schon zur Familie gehörte. Wo du nicht nur einkaufen gingst, sondern dich beraten liessest, wo die Waren frisch und regional waren – direkt aus deiner Umgebung. Lebensmittel bedeuteten damals noch etwas Persönliches: Sie waren sorgfältig ausgewählt, saisonal, und man kaufte nur, was man wirklich benötigte. Es war ein Miteinander, ein gegenseitiges Vertrauen, das diesen Handel tief verwurzelte im Alltag der Menschen. Diese Zeit war geprägt von Achtsamkeit und Nähe – Werte, die heute oft verloren scheinen und doch umso wichtiger geworden sind.

Die Supermarkt-Revolution – Schnell, günstig, global

Dann kam die Welle der Supermärkte und Discounter – mit ihren grossen, glänzenden Hallen und unschlagbaren Preisen. Die Möglichkeit, alles unter einem Dach zu finden, veränderte unser Einkaufsverhalten nachhaltig und eröffnete neue Freiheiten. Plötzlich war Einkaufen schneller, praktischer, zugänglicher für alle. Doch dieser Fortschritt hatte auch seinen Preis: Die persönliche Verbindung, die Wärme und Individualität des Tante-Emma-Ladens gingen häufig verloren. Die Welt der Lebensmittel wurde grösser, globaler – aber auch anonymer. Viele Menschen spürten diese Lücke, dieses Fehlen von Kontakt, das durchs digitale und standardisierte Einkaufen nicht immer gefüllt werden kann.

Neue Wege, neue Chancen – der Wunsch nach Sinn und Nachhaltigkeit

In den vergangenen Jahrzehnten hat sich etwas Grundlegendes geändert: Wir haben angefangen, bewusster zu schauen. Nicht nur darauf, was das Produkt kostet, sondern wer und wie es hergestellt wurde, welche Folgen unser Konsum hat. Die Rückkehr zu regionalen und biologischen Lebensmitteln zeigte, dass wir uns nach mehr als nur Quantität sehnen. Kleine, oft inhabergeführte Läden leben heute neu auf – mit Leidenschaft, Wissen und dem Mut zu einer persönlichen Beratung, die wir einst für verloren hielten. Gleichzeitig öffnen sich neue Horizonte: Online-Shops, Lieferdienste und innovative Ladenkonzepte schaffen Brücken zwischen Tradition und Moderne, zwischen Komfort und Individualität.

Der Mensch bleibt im Zentrum – Geschichten, die berühren

Inmitten dieses Wandels stehen Menschen mit eigenen Geschichten – wie Frau Weber, die mit ihrem Familienbetrieb „Webers Feinkost" für Kontinuität und Herzenswärme kämpft. Sie trägt ein wertvolles Erbe, fühlt aber auch die Herausforderung, sich in einer rasanten Welt zu behaupten. Ihre Leidenschaft ist es, ihren Kunden nicht nur Lebensmittel, sondern ein kleines Stück Heimat zu schenken.

Gegenüber steht Jonas, ein junger Gründer voller Ideale und Energie. Sein Online-Shop für nachhaltige Produkte ist Ausdruck einer neuen Haltung – Verantwortung übernehmen, Innovation leben und den Handel als Plattform für Werte verstehen. Jonas zeigt, dass Wandel nicht das Ende bedeutet, sondern den Anfang neuer Chancen.

Und dann ist da Frau Müller – die Kundin, die beide Welten schätzt. Sie vertraut auf bewährte Freundlichkeit und Verlässlichkeit bei Frau Weber, doch fühlt sich auch von Jonas' Nachhaltigkeitsgedanken inspiriert. So steht sie stellvertretend für uns alle: zwischen Tradition und Zukunft, zwischen Altvertrautem und Neuem.

Veränderung als Einladung – eine Chance zum Aufbruch

Wenn wir all diese Geschichten hören, merken wir: Wandel ist keine Bedrohung. Sondern eine Einladung. Eine Einladung, mutig zu sein, Neues zu wagen und die Zukunft gemeinsam zu gestalten. Die Veränderung öffnet Türen und bringt frische Luft in alte Strukturen. Sie fordert uns heraus, über uns hinauszuwachsen – aber genau darin liegt ihre Kraft.

Jede kleine Entscheidung, die wir treffen – sei es im Einkauf, in der Beratung oder in der Geschäftsführung – trägt dazu bei, dass aus vielen Einzelteilen ein grosses Ganzes entsteht. Ein Mosaik aus Vertrauen, Hoffnung und Verantwortungsbewusstsein, das uns verbindet und trägt.

Unsere gemeinsame Geschichte

Der Detailhandel im Food-Bereich hat in fünfzig Jahren eine beeindruckende Reise hinter sich. Er zeigt uns, wie wichtig Nähe und Menschlichkeit sind – egal, wie schnell die Welt sich dreht. Er erinnert uns daran, dass wahre Qualität nicht nur im Produkt steckt, sondern in der Beziehung zwischen Menschen. Und vor allem öffnet er uns die Augen für die Chancen, die in jeder Veränderung stecken.

Lass uns diesen Weg gemeinsam gehen – mit offenem Herzen, neugierig und bereit, das Beste aus Vergangenheit und Zukunft zu verbinden. Denn in dieser gemeinsamen Geschichte liegt die Kraft, eine lebendige, nachhaltige und menschliche Welt zu schaffen. Eine Welt, in der sich jeder willkommen fühlt – im Tante-Emma-Laden genauso wie im modernen Supermarkt oder im digitalen Marktplatz.

Und wer weiss? Vielleicht schreiben auch wir bald ein neues Kapitel – mutig, verbunden und voller Zuversicht!

Lassen Sie sich von der kraftvollen Sprache und dem einfühlsamen Blick des Autors, Mario Scire, mitreissen – dieses Buch wird Sie nicht nur berühren, sondern auch lange nach dem letzten Kapitel begleiten.

Möchten Sie mehr erfahren? Dieses Buch wartet darauf, Teil Ihrer Geschichte zu werden